亲近母语

亲近母语研究院

【执行主编】

刘咏春 岳乃红

【分册主编】

邵龙霞

【编 委】（按姓氏笔画排序）

丁 云 印 君 李吉银 刘咏春

邱凤莲 冷 颖 张 俊 张永杰

张建军 邵龙霞 岳乃红 周信东

亲近母语

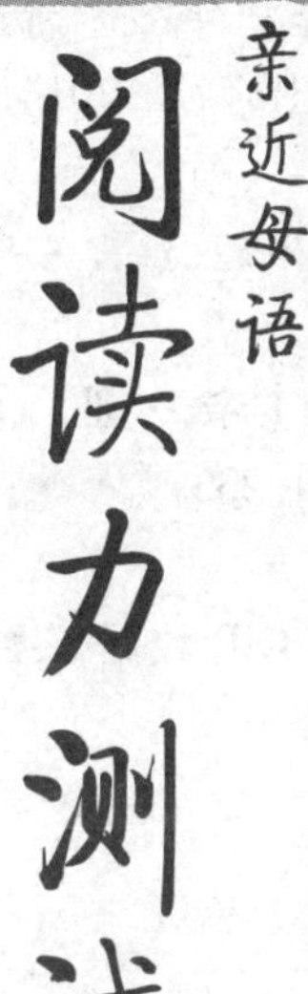

阅读力测试

小学三年级

亲近母语研究院 编著

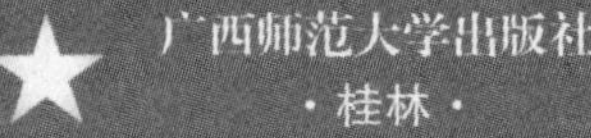

广西师范大学出版社
· 桂林 ·

图书在版编目(CIP)数据

阅读力测试. 小学三年级 / 亲近母语研究院编著. —桂林: 广西师范大学出版社, 2014.1(2018.7 重印)
(亲近母语)
ISBN 978-7-5495-3499-9

Ⅰ. ①阅… Ⅱ. ①亲… Ⅲ. ①阅读课-小学-教学参考资料 Ⅳ. ①G624.233

中国版本图书馆 CIP 数据核字(2013)第 226021 号

出 品 人: 刘广汉
责任编辑: 刘美文　卢　义
装帧设计: 徐　妙

广西师范大学出版社出版发行
(广西桂林市五里店路 9 号　　邮政编码: 541004
网址: http://www.bbtpress.com)
出版人: 张艺兵
全国新华书店经销
销售热线: 021-65200318　021-31260822-898
山东临沂新华印刷物流集团有限责任公司印刷
(临沂高新技术产业开发区新华路 1 号　邮政编码: 276017)
开本: 715mm×960mm　1/16
印张: 8.25　字数: 110 千字
2014 年 1 月第 1 版　2018 年 7 月第 12 次印刷
定价: 16.80 元

阅读力就是学习力

一个孩子如果爱上阅读，当然是一件令人欣喜的事情。

一个孩子如果不喜欢阅读，当然是一件令人头疼的事情。

为什么会欣喜、会头疼？因为老师们、家长们都知道阅读是获取知识的主要手段，阅读在孩子的成长过程中具有极其重要的作用。

那么，孩子们为什么在阅读方面表现出如此巨大的差异？因为他们每个人的阅读力不一样。

国内外的实践证明：阅读能力是语文能力中最重要的能力，也是现代人的基本素养，阅读力就是学习力。

但目前的现状是我们普遍对儿童阅读能力的内涵不够清晰，突出表现在阅读教学中目标不明，阅读内容远离儿童生活，阅读方法不够系统，儿童阅读能力普遍不高。在教育部组织的质量检测中，儿童失分最多的就是阅读这一部分内容。

我们是不是需要冷静地思考：阅读力的内涵究竟是什么？我们该如何提升孩子的阅读力？

关于阅读能力，国际儿童评估计划（Program for International Student

Assessment，简称 PISA）这样定义：

“理解、运用和反思书面文字的能力，旨在达至个人目的、发展个人知识及潜能，并能参与社会。”

在 PISA 对阅读能力的定义中，阅读能力被细分为“理解、运用和反思”三个不同层次的能力。同时，PISA 在界定阅读能力定义时，特别注重阅读能力的实际功能，反映出明显的社会取向，它视阅读为一项社会活动。

台湾相关研究机构认为阅读能力有八项指标：

辨识细节、读出主旨、先后排列、辨识因果、预测情节、进行推论、取得结论、批判思考。“江苏省建立中小学生学业质量分析、反馈与指导系统”项目组则提出阅读能力的四项指标：整体感知能力、提取信息能力、形成解释能力、合理使用信息并作出评价的能力。

“亲近母语”认为，儿童阅读力应是对文本的感知、理解、运用的能力。具体说，儿童阅读力应该包括这样几项能力：提取信息能力；推断解释能力；整体感知能力；评价鉴赏能力；联结运用能力。

提取信息能力：从文本中提取有关信息的能力

能从文本中提取出直接陈述的信息；

能从文本中提取出隐含的信息；

能从多个文段中提取信息；

能从文本中提取多个信息并简单概括；

能从多个文段中提取信息并进行简单比较。

推断解释能力：能利用文本信息，对相关问题作出合理解释

推断并解释重要词句的语境意义及作用；

推断或预测结果；

推断或作出结论；

推断文本写作顺序。

整体感知能力：对文本的内容、主旨、写作对象有整体的感受

整体感知文本的主旨；

整体感知文本的主要内容；

整体感知文本的写作对象。

评价鉴赏能力：对文本的价值、主题、结构、表达等方面作出判断、评价和欣赏

感悟启示（自然、社会、人生）；

体验情境、细节；

评价形象；

品味语言、结构、表达；

批判和反思。

联结运用能力：能合理利用文本信息解决生活中的问题

与文本的联结与运用；

与生活的联结与运用。

为了提高儿童的阅读能力，亲近母语研究院根据儿童阅读能力的要素编制了一套符合儿童阅读水平的《阅读力测试》丛书。不过，测试不是目的，让孩子在有效的测试中，学会阅读，全面提升阅读力才是我们的初衷。

该丛书一至六年级，每年级一册，每个年级分上卷和下卷。每卷有16篇阅读材料。阅读材料除了突出适合儿童阅读的文学性作品，如儿歌、童诗、童话、寓言、神话传说、民间故事、儿童散文、儿童小说外，还比较多地增加了实用文体的阅读检测和指导，主要有演讲、新闻报道、议论文、说明文等不同文体，还特别在每本书的最后，设置了一些儿童生活情境中的阅读材料，例如公交路牌、药品说明书、手工制作说明等，全面考查儿童在“为了获取信息

的阅读”、“为了获得文学体验的阅读”和“为了完成任务的阅读”三种阅读情境中的阅读能力，以及着力帮助儿童用阅读解决现实生活中的问题。每一篇阅读材料围绕上述五大目标，并结合儿童的年龄特点，根据课程标准的要求进行题目的编制。每份材料后有 4～6 道思考题，题型包括选择题、判断题、填空题、简答题等。

为了培养儿童良好的阅读习惯，提高儿童的阅读素养，丛书的编写者还利用阅读小贴士的形式随文向孩子们介绍一些基本的文体常识、文学知识，以及常见的阅读方法等。需要说明的是，这些知识和方法的介绍是随着年级的升高，循序渐进、逐步深入的。

另外，为了激发儿童的阅读兴趣，体现阅读“测试”功能，丛书编写者根据阅读要点在每篇阅读材料的后面设计了一个阅读阶梯夺星游戏，儿童在做完测试题后，可通过游戏的形式自己检测得了几颗星，最终给自己的阅读水平一个客观的评定。

阅读力就是学习力。儿童阅读力的培养不是一朝一夕的事，也不是某个部门、某个家庭的事，从某种意义上说，它是全社会的一件大事，是一项长期的工程。我们精心编写的这套书只是一个阶梯，它将在引领孩子向更高境地攀登的同时，锻炼并提升孩子的力量，让他在阅读的路途上，登得更高，看得更远！

编者

目 录

[上 卷]

[下 卷]

上卷

书信

写给汉修先生的一封信

[美国]贝芙莉·克莱瑞/著　柯倩华/译

亲爱的汉修先生：

我妈妈一直逼我回答您那些又蠢又无聊的问题。她说如果我真的想成为作家，就应该照您信里的建议去做。我应该多看书、多观察、多听、多想和多写。她还说首先该做的第一步，就是我把屁股放在椅子上好好儿回答您的问题，所以，以下是我的答复：

1. 你是谁？

我已经告诉过您，我叫鲍雷伊，姓鲍名雷伊。我不喜欢名字里有“雷伊”这个字，因为很多人不会念，还有人以为我是女生。妈妈说既然有“鲍”这样的姓，就得配上一个有点特殊又不会太过分的名字。我爸叫比尔，我妈叫邦妮。她说鲍比尔和鲍邦妮听起来像漫画人物。

我只是个很普通的男生。学校老师并不认为我是超常生或有特殊才艺，我也不像学校里其他人那么喜欢踢足球。我不算笨就是了。

2. 你长什么样子？

我寄过一张照片给您，也许您搞丢了。我的个子中等，没有红头发之类的特色，我不像我爸那么高大。我妈说感谢上帝，我比较像她家这边的人。她老爱这么说。我一二年级的时候，同学都叫我

“矮冬瓜”,不过我已经长得比较高了。现在,班上按照高矮排队时,我的位置在中间。我想您可以说我是全班最中等的人。

写这么多很累。下次再继续,或许没有下一次。

鲍雷伊

十一月二十日

(选自《亲爱的汉修先生》,新蕾出版社)

阅读闯关

1. 文中的“矮冬瓜”是指(　　)。

A. 鲍雷伊长得像个胖胖的冬瓜

B. 鲍雷伊一二年级的时候,个子矮小

C. 鲍雷伊是很普通的男生

D. 鲍雷伊具有特殊才艺

2. 你认为下面的说法对吗?(对的打“√”,错的打“×”)

(1) 鲍雷伊的爸爸长得很高大。(　　)

(2) 汉修先生打电话建议鲍雷伊应该多看书、多观察、多听、多想和多写。(　　)

(3) 鲍雷伊非常喜欢踢足球。(　　)

(4) 现在,班上按照高矮排队时,鲍雷伊的位置在最后。(　　)

3. 细细地读读这封信,你发现鲍雷伊是个怎样的孩子?

____

____

4. 在这封信里，鲍雷伊很真诚坦率地回答了汉修先生两个问题，如果让你来回答这两个问题，你会怎样回答呢？请你也来给汉修先生写封信，别忘了写信的格式。

____

____

____

____

____

____

____

____

阅读阶梯夺星

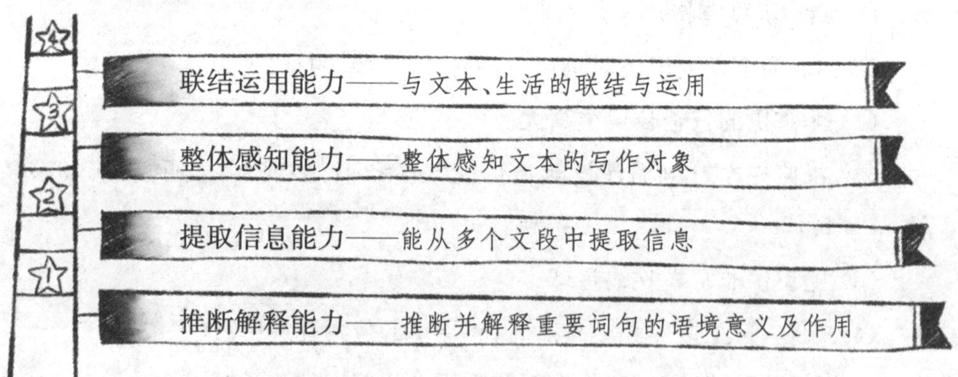

哈哈！ 我一共得了____颗星！

用不同的眼睛看

[俄国]巴甫洛娃/著　王汶/译

冬天的一个早晨，小黄雀用枫树籽和枫树芽填饱了肚皮后，想玩一会儿，就在枫树的秃枝间爬上爬下。

从旁边一棵树飞下来一只乌鸦，向雪地的上空飞去。

突然，一只隼(sǔn)鹰从天空飞下来，一抓，就把乌鸦抓在爪里，飞到枫树上去大吃。

小黄雀等隼鹰吃饱了，就飞到旁边一根树枝上，仔仔细细地看他。小黄雀不怕猛禽：这样小的鸟儿，隼鹰是碰也不碰的。

隼鹰的脑袋是平的，蓝色的尖嘴像钩子，黑黑的两颊，黑黑的两只大眼睛。

“你干吗盯着我瞅?”他问小黄雀，“你很羡慕我的力量和锐利的眼睛吧！这样的眼睛是值得羡慕的！乌鸦从树上飞起的时候，我正在一棵云杉的上空。我是从那儿看见他的！”

“我才不羡慕你呢!”小黄雀说，“我对我自己的眼睛也很满意。”

“那是因为你不会高飞，”隼鹰反驳他说，“我可有个高飞的习惯：每年春天，我都要飞到云彩上面。我从那儿可以看见森林与田地，江河与湖沼，人类的村庄。我看见全世界都在我的身下。”

“可是，你看见咱们森林里，有一棵树现在有小叶子和芽吗?”

小黄雀问道。

“没注意。”隼鹰回答。

“不对，你根本没看见。你也看不见。”小黄雀逗弄隼鹰说。

“怎么会看不见！”隼鹰气愤地说完，一个腾身就飞上了天空。但是他在森林上空转呀，转呀，转了半天，什么结果也没有，就回来了。

“小黄雀，你骗我！”隼鹰嚷道，“森林里连个小绿点儿也没有，别说是什么叶子和芽了！”

“你说得不对，”小黄雀回答，“所有的树木，冬天都有小叶子；所有的树木，除了椴树以外，冬天都有芽。你看！”

小黄雀跳到一个粗粗的枫树芽跟前，把她剥开来——剥掉一层鳞片，又剥掉一层鳞片。

等最后一层鳞片剥了下来，隼鹰就看见一对折起来的小嫩叶。两片小嫩叶中间，有一束很小很小的芽。

“真有趣！”隼鹰说。

“周围的一切都是有趣的，”小黄雀回答，“我不会高飞到云彩上面去，可是我一点也不觉得不好！”

（选自《中外幼儿经典故事大全》，叶穗、白路编，知识出版社）

阅读闯关

1. 小黄雀不怕隼鹰是因为（　　）。

A. 隼鹰不是猛禽

B. 这样小的鸟儿，隼鹰是碰也不碰的

C. 隼鹰很喜欢小黄雀

D. 隼鹰看不到小黄雀

2. 隼鹰是什么样子的？文中有一段话告诉了我们隼鹰的模样，请用“～～～”在文中画出。

3. 读读下面这句话，在你认为合适的语气后面打“√”。

“我才不羡慕你呢！”小黄雀说，“我对我自己的眼睛也很满意。”

(1) 骄傲（　　）

(2) 气愤（　　）

(3) 自信（　　）

(4) 逗弄（　　）

4. 隼鹰的眼睛能看见什么？小黄雀的眼睛能看见什么？你认为他们俩谁的眼睛更厉害呢？为什么？

____

____

____

____

5. 小黄雀不能像隼鹰一样飞到云彩上面去，可是他对自己的眼睛很满意，因为他的眼睛能发现周围有趣的东西。你对自己的眼睛满意吗？说说你的理由。

____

____

____

____

阅读阶梯夺星

5 评价鉴赏能力——感悟启示

4 整体感知能力——整体感知文本的主旨

3 评价鉴赏能力——品味语言、结构、表达

2 提取信息能力——能从文本中提取出直接陈述的信息

1 提取信息能力——能从多个文段中提取信息

哈哈！我一共得了____颗星！

夏季，冬天住在哪里

[苏联] 瓦采吉斯

夏季，冬天就钻进了衣橱，
爬上了衣架，
皮帽，绒衫，卫生衣，
还有手套和它们在一起。

夏季，冬天就躲进了贮藏室，
那里，它和滑冰鞋，
和雪橇、滑雪板，
安静地睡成一堆。

夏季，它住进冷饮店，
和它做伴的有冰糕，
还有巧克力冰淇淋。

等到雪花又飞，
冬天抖抖身子，
从衣橱里走出来，
于是夏天躲进贮藏室。

夏天会不会躲在冷饮店？

这我们可就不知道了——

冬天，冷饮店锁着门。

（韦苇　译）

阅读小贴士

在童诗里，花草会说话，鸟兽有情感，一切都充满了灵性。童诗跟成人诗一样也运用修辞，用得最多的是比喻、拟人，不过，想象力是童诗最好的修辞。你看，《夏季，冬天住在哪里》这首诗中，冬天和夏天跟我们玩起了捉迷藏的游戏呢！童诗的形式各异，有数字诗、图像诗、童话诗等，有兴趣的话，找一些来读读，相信你会喜欢上这些有趣的童诗。

阅读闯关

1.“夏季，它住进冷饮店”中的它是指（　　）。

A. 夏季　　B. 冬季　　C. 冰糕　　D. 冰淇淋

2. 请你将下列商品进行分类，放到相应的购物车内。

皮帽　绒衫　冰糕　卫生衣　手套　冰淇淋　汗衫

雪橇　滑雪板　凉鞋　电风扇　太阳帽　游泳圈　滑冰鞋

夏季商品购物车

____

____

____

冬季商品购物车

3. 在诗人的笔下，冬天就像一个调皮可爱的孩子。你看，夏天的时候，它住在哪里呢？在下面的括号内填上合适的词语。

夏季，冬天就(　　　　)了衣橱，

夏季，冬天就(　　　　)了贮藏室，

夏季，冬天就(　　　　)冷饮店，

夏季，冬天就(　　　　)(　　　　　　　　)。

4. 这首诗告诉我们夏季的时候冬天在衣橱里、贮藏室里、冷饮店里。那么，冬天的时候，夏季会住在哪里？与谁在一起？与谁做伴呢？请你来做小诗人，完成下面这首小诗。

冬季，夏天就____________________，

爬上了____________，____________，____________，____________，

还有______________和它在一起。

冬季，夏天就____________________，

那里，它和____________________，

和____________________、____________________，

安静地睡在一堆。

冬季，夏天就__________________________，

____________________________________，

____________________________________，

____________________________________。

阅读阶梯夺星

4 联结运用能力——与文本的联结与运用

3 提取信息能力——能从文本中提取出直接陈述的信息

2 联结运用能力——与生活的联结与运用

1 推断解释能力——推断并解释重要词句的语境意义及作用

哈哈！ 我一共得了____颗星！

生物的“睡眠”

林续中

动物睡眠是为了休息；但，不全是为了休息。夏天的傍晚，蝙蝠在院子里，在旷野上空，忽东忽西、忽高忽低地飞翔。它们干什么来了？逮蚊子、逮夜蛾一类昆虫吃嘛。可是，等冬天来临，天气冷了，蚊子、夜蛾死的死，躲的躲，蝙蝠什么吃的也没有了。怎么办呢？是躺着等死，还是像大雁、燕子那样千里迢迢，飞到温暖的南方去？不，都不是。蝙蝠是采取睡眠的办法来对待“绝粮”。

冬天来临之前，蝙蝠三五成群地找个偏僻、昏暗可以躲避风寒的山洞、屋檐进行集体睡眠。它们睡觉的方式很特别。（既　不但）不是躺在床上，（也　而且）不是蹲在洞里，而是双脚抓住岩石、木棍等东西，成团成簇地倒挂着睡觉。它们昏昏沉沉一睡就是四五个月哩！待到来年春暖花开时，蚊子、夜蛾活跃了，蝙蝠才伸伸懒腰，打打呵欠，开始新的一年的生活。

蝙蝠睡大觉是在冬天，所以管它叫“冬眠”。

不但蝙蝠爱睡大觉，善于“金蝉脱壳”的海参，也有睡大觉的本事哩！不过海参睡眠的季节不是冬天，而是夏天。这就怪了！

海参吃海底的虫子——浮游生物。夏天到了，海面上风和日丽，气候炎热，原来在海底过冬的虫子，都浮到海面上来生活，海底下再也没有海参赖以生活的虫子了。那怎么办呢？海参只会在海

底下蠕动，不会游泳浮上海面，唯一的办法，就是睡大觉。

海参要睡多长时间呢？一般地说，要睡上四五个月。夏天过去了，冬天来临了，原来是热烘烘的海面，变得寒气逼人，虫子们受不了啦，又回到海底过冬了。哈哈，海参的“粮食”来了，于是它醒过来了。

因为海参睡眠的季节是在夏天，所以叫做“夏眠”。

蜗牛这动物更有意思，它动不动就关起门来睡大觉。冬天，它要“冬眠”；夏天不下雨，它要“夏眠”；要是碰上了干旱的年头，20个月不下雨，蜗牛就睡它20个月。等到天气暖了又下雨，蜗牛才推开大门，缓缓地伸出身子，背着“房子”，痛痛快快地逛一逛，饱饱地吃它一顿。哟！这么说来，蜗牛真称得上“瞌睡大王”了。

阅读闯关

1. 请你按照冷热的程度给下列词语排排队，在相应的括号内填上合适的词语。

温暖　寒气逼人　热烘烘　炎热　凉爽

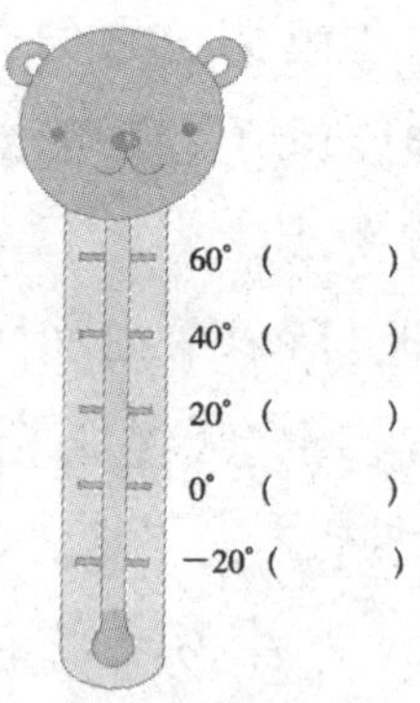

2. 在文中的括号里用“√”选择合适的字词。

3. 你认为下面的说法对吗？（对的打“√”，错的打“×”）

(1) 蝙蝠、海参一般一睡就是四五个月呢！（　　）

(2) 蝙蝠、海参都喜欢冬眠。（　　）

(3) 海参的“粮食”就是那些海底的虫子——浮游生物。（　　）

(4) 蝙蝠睡觉的方式很特别。（　　）

4. 为什么说蜗牛真称得上“瞌睡大王”了？

____

____

5. 你还知道哪些动物的睡眠情况？它为什么要睡大觉？它是在什么时间、什么地点睡觉呢？试举一例，从睡眠的原因或时间、地点等方面来说一说。

____

____

阅读阶梯夺星

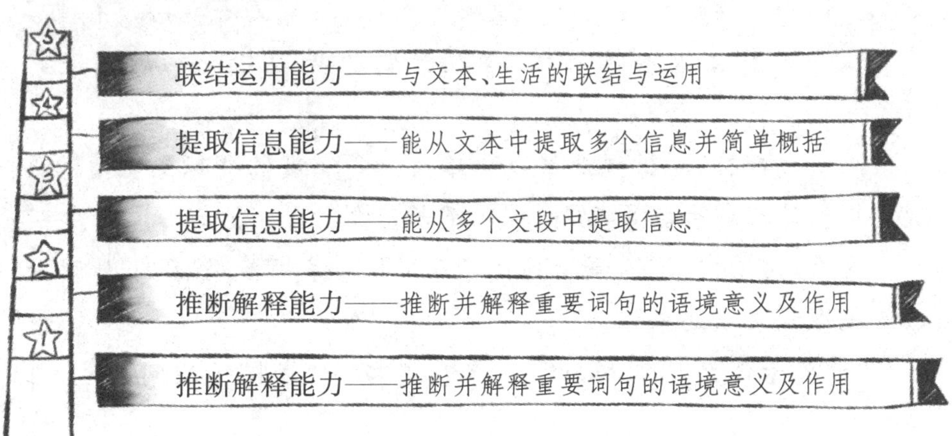

哈哈！ 我一共得了____颗星！

客店没有空房间

[美国] D·道内华

华利·普林那年才9岁，上二年级。城里很多人都知道他学习很吃力，他长得又高又笨，无论是动作还是思维都很迟缓。

班上的孩子们嬉闹时，常设法把他排斥在外，但华利·普林总是在一旁等着，找机会帮个忙。他是一个乐于助人的孩子，整天笑嘻嘻的，有着保护弱者的天性。每当大孩子追打小孩子时，华利·普林总是说："为什么不停下来？他们没有哥哥。"

华利·普林希望能在那一年的圣诞庆典中扮演拿着长笛的牧羊人。但剧导演认为这是一个重要的角色，不能交给华利。不过客店老板倒没有多少事情好做，华利只需狠狠地拒绝约瑟住下就行了。

同往常一样，大批观众聚在一起看一年一度的耶稣诞生情景再现。华利站在舞台的幕后，出神地望着什么。

这时，约瑟出现了，慢慢地走着，温柔地保护着玛丽亚，使劲地敲着装在背景上的木门。

"你要干什么？"华利，这个"客店老板"粗声粗气地问，并打开了门。

"我们找店住。"

"到别处去找吧，"华利直盯着前方，用力说道，"这个店已经住满了。”

“先生，我们到处都问过了，都不行。我们已经走了很远，而且很累了。”

“这个店里没有屋子给你。”华利看起来很严厉。

“行行好吧，好心的老板。这是我的妻子，玛丽亚。她怀着孩子，你肯定会有一个小角落给她歇歇脚。”这时，店老板先看了看玛丽亚，然后停了很长时间没有说话，长得叫观众焦急。

“不行！滚开！”提示人在幕后小声地说。

“不行！”华利重复道，“滚开！”约瑟凄惨地扶着玛丽亚，玛丽亚把头枕在她丈夫的肩上，两个人开始离去。

华利站在门口，望着这不幸的夫妻。他张着嘴，忧愁地皱着眉头，眼里显然充满了泪水。

突然，这历史的再现出现了与众不同的结局。

“别走，约瑟！”华利喊道，“带玛丽亚回来。你们可以住在我屋里！”

一些人觉得这次表演砸锅了，但绝大多数人认为这是他们所看到的最好的演出。

阅读闯关

1. 导演将客店老板这一角色交给华利，是因为导演认为（ ）。

A. 客店老板是一个重要角色，应该交给乐于助人的华利

B. 华利很会拒绝别人

C. 华利无论是动作还是思维都很迟缓，只能演客店老板这个简单的角色

D. 华利希望能演客店老板

2. 华利开始演出时很投入，可后来并未按导演要求去做，文中有一处细节描写，突出了华利的转变。请用“~~~~”在文中画出。

3. “一些人觉得这次表演砸锅了，但绝大多数人认为这是他们所看到的最好的演出。”你是怎么看的呢？说说你的理由。

____

____

4. 透过这次表演，你看出华利是个怎样的孩子？如果他就是你的同学，你会把他排斥在外吗？说说你的理由。

____

____

阅读阶梯夺星

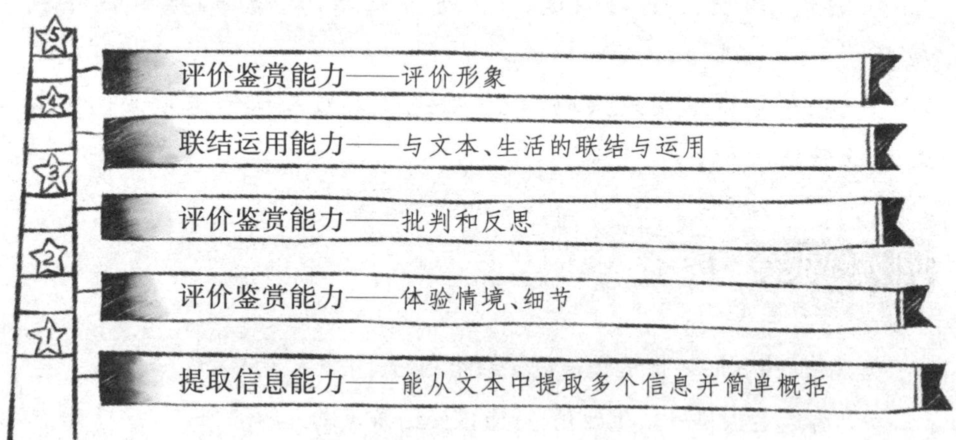

哈哈！ 我一共得了_____颗星！

一个逗号的过错

[意大利] 罗大里

法官：被告站起来！你叫什么名字？

被告：我叫阿·罗西，是比·罗西的侄子。

法官：我认识比·罗西，不管从哪一方面来说，他是大家公认的好人。他干吗控告你？

检察官：是这样的，法官先生，被告被控告是因为他严重地损害了他的叔叔的名誉。事情是这样：他在一次作文里写了这么一句话："我的叔叔不是好人，不，是万恶之父。"

叔叔：法官先生，您是知道的，我还没结婚哪！怎么是父亲了！

检察官：所有的旁证材料都是一致的：他的叔叔是一切美德的典范。不喝酒，不抽烟，不赌钱，不费鞋，晚上不出门，从来不用手帕擦脚，不用手指夹盐，也不把手指放在鼻子上，更不干涉别人的事。

法官：这些都是真的吗？被告请回答。

被告：对极了，确实是这样的，法官先生。

法官：那你怎么胆敢诽谤你的叔叔？竟敢在你的作文中，把这个模范市民说成是"万恶之父"，也就是说是嫉妒、吝啬、贪吃、狂怒和谁知道还有什么可怕的毛病的父亲？

被告：不过，法官先生，这一切都是一个逗号的过错。

法官：哪个逗号？我没看见有什么逗号在这里。

被告：说的就是呀。那个逗号本来是在前面的，现在它藏到后面去了，您哪能看得见哪。

法官：我明白了。它想溜，想出去拦路抢劫。

辩护律师：法官先生，被告阿·罗西本想写："……我的叔叔不，是好人，不是万恶之父。"谁知道怎么搞的，也许是逗号受了它的坏朋友们的挑唆竟擅自移到后面来了。

叔叔：是这样，法官先生，我也相信我的侄儿是个很棒的孩子。

法官：是个很棒的孩子？我看倒不如说该判他当苦工呢。

叔叔：我明白，法官先生。不过我不忍心看着他就此完了。请看，我已为他想好了一个主意。您也知道，我开了一爿(pán)家用电器商店。是以分期付款的方式出售商品的，而且对于顾主们来说，价格是非常合理的。

法官：这与本案有什么关系呢？

叔叔：是这样，我有心让我的侄儿在他毕业后当店员。我没有儿子，我不帮助我的侄儿，还能帮助谁呢？

法官：(感动地)您真是个好心肠的人。那么就按您说的办吧。被告，听清楚了吗？

被告：听清楚了，法官先生。

法官：您得把藏到后面去想溜走的逗号叫回来，并使它认识到自己的错误，不许再不守纪律了。要教育它走正道。

被告：我保证做到，法官先生。

法官：那好吧，这次就宽恕你了。

阅读闯关

1. 文中的"万恶之父"指的是(　　)。

A. 不喝酒，不抽烟，不赌钱的人

B. 一个名叫万恶的孩子的父亲

C. 嫉妒、吝啬、贪吃、狂怒等很多可怕毛病的父亲

D. 模范市民

2. 你认为下面的说法对吗？（对的打"√"，错的打"×"）

(1) 叔叔开了一爿家用电器商店，对于顾主来说，价格是非常合理的。（　　）

(2) 文中的叔叔已经结婚，是个模范父亲。（　　）

(3) 叔叔并不是大家公认的好人。（　　）

(4) 叔叔很喜欢干涉别人的事。（　　）

3. 被告阿·罗西被控的原因是他在作文里写了这么一句话（　　）。

A. 我的叔叔不是好人，不，是万恶之父

B. 我的叔叔不，是好人，不是万恶之父

C. 我的叔叔不是好人，不是万恶之父

D. 我的叔叔，不，是好人，不是万恶之父

4. 一个标点符号能把好人说成坏人，看来不能小瞧了标点。请你移动下面句子中标点符号的位置或添加相关标点，使句子表达的意思不一样。

今年好倒霉，少不得打官司 。

____

六(4)班击败了六(3)班，获得冠军。

____

5. 如果让你来排演这个戏剧，你准备找几位演员？你最想演哪个角色？为什么？

____

____

阅读阶梯夺星

5 联结运用能力——与文本、生活的联结与运用

4 评价鉴赏能力——品味语言、结构、表达

3 提取信息能力——能从文本中提取出直接陈述的信息

2 提取信息能力——能从多个文段中提取信息

1 推断解释能力——推断并解释重要词句的语境意义及作用

哈哈！ 我一共得了____颗星！

动物也会出汗吗

[日本]加藤由子/著　曹艺/译

大多数动物热的时候不出汗。会出汗的动物大概只有人和马。

你知不知道我们为什么会出汗？出汗能够降低体温呗，体温降下来就凉快了。在手臂上抹点水，让风吹吹，凉飕飕的吧？凉凉的感觉就表明体温降下来了。出汗让身上变得湿乎乎的，水分蒸发的时候能带走热量，我们也就觉得凉快了。

动物们虽然不会出汗，但照样会感觉到热，这可怎么办呢？别担心，动物们各有降温的高招，用自己的方法解暑。

大象热的时候扇耳朵，“呼啦呼啦”扇着大耳朵，体温就降下来了。

狗感到热的时候会张开嘴“呼哧呼哧”喘大气，热气就从嘴里跑出来。有时候狗还会流口水呢，这跟我们出汗的效果差不多。

海狮热了，会把一只前腿伸出水面摇摆，就像招手说“bye-bye”一样。水里有时候也挺热的，把湿漉漉的腿伸出水面吹吹风，降温的原理跟出汗一样。

袋鼠会用舌头“吧唧吧唧”舔前爪，这样降温的原理也跟出汗一样。

鹈鹕(tí hú)会晃荡着它的喉囊降温。在进食以外的时间，鹈鹕的喉囊都是紧缩着的，热的时候就放松下来晃荡晃荡。大象不停地

扇动着耳朵，扩大跟空气的接触面积也会感觉比较凉快。

鸬鹚是一种跟鹈鹕一样有喉囊的鸟，渔民会训练它捉鱼。鸬鹚潜入水下，捉住鱼放在自己的喉囊里，然后回到渔民的船上，再把鱼吐出来。鸬鹚的降温方法跟鹈鹕一样，也是晃荡喉囊。

鸵鸟的散热方法是竖起全身羽毛，让空气从羽毛间通过。

动物们在感觉热的时候各出奇招，目的只有一个——降温。

还有一个防暑降温的最好方法，就是到阴凉的地方去休息，又简单又有效。在炎热的时候，动物们首先选择进入阴凉的地方，要是没有阴凉的地方，或者躲进阴凉的地方还是热，那就只能另想办法了。对于动物们来说，阴凉的地方算得上是“避暑胜地”哦。

（选自《让孩子爱上科学的动物书》，天津教育出版社）

阅读闯关

1. 文中的“避暑胜地”指的是（　　）。

A. 阴凉的地方

B. 风景优美的地方

C. 比较安静的地方

D. 名胜古迹

2. 你认为下面的说法对吗？（对的打“√”，错的打“×”）

（1）会出汗的动物有很多。（　　）

（2）动物们不会感觉到热。（　　）

（3）鸬鹚的降温方法跟鹈鹕一样，也是晃荡喉囊。（　　）

（4）动物们在感觉热的时候各出奇招，目的很多。（　　）

3. 你知道人类为什么会出汗吗？(　　　　)(多选题)

A. 出汗相当于脱掉一件厚衣服

B. 出汗能够降低体温，体温降下来就凉快了

C. 出汗让身上变得湿乎乎的，水分蒸发的时候就能带走热量，我们也就觉得凉快了

D. 出汗会让我们感觉到冷飕飕的

4. 动物们是用怎样的方法解暑呢？请将他们各自降温的高招填写在横线上。

大象热了，会____。

狗热了，会____。

海狮热了，会____。

袋鼠热了，会____。

鸵鸟热了，会____。

________热了，会____。

阅读阶梯夺星

4 联结运用能力——与文本的联结与运用

3 提取信息能力——能从多个文段中提取信息

2 提取信息能力——能从文本中提取出隐含的信息

1 推断解释能力——推断并解释重要词句的语境意义及作用

哈哈！　我一共得了______颗星！

爱说大话的老爷

一位老爷雇了一驾马车，想要出远门。

他们走啊走啊，突然看见一只兔子从他们眼前飞跑过去。

“好大一只兔子啊！”车夫赞叹地说。

“这兔子也算大吗？我的见识看来是要比你多多了。我见过一只兔子，有牛那么大。”老爷说。

车夫听着觉得怪有意思。不过，他压根儿就不信一只兔子能有牛那么大。

“那么大，太稀罕了。你真的是亲眼见的？”

“当然，从那兔子里熬出来的油，就有16公斤！”

车夫听着听着，忽然对马说：

“驾！亲爱的，快过桥了，就是那座胡乱瞎吹的家伙上去，就要断掉的那座桥。”

老爷听了车夫的话，就开始担心起自己的安全来，就改口说：

“车夫，我刚才是把兔油说多了些。几十磅倒真是能熬出来的。”

“谁不知道，兔子就是兔子。”

又往前走了一阵，老爷感到有些坐不住了。

“车夫，你说的那座桥快到了吗？”

“是啊，快了，老爷。”

“你知道的，车夫，那只大兔子几十磅油倒是熬不出。不过，三四磅是能的。”

“这跟我有什么关系？三四磅就三四磅呗。”

又往前赶了一段路。

“车夫，那座桥快到了吧？”

“是的，快了，老爷。一下坡就到。”

“你停停，好车夫，这只兔子真见鬼！皮包骨头，肉都不长一块，什么油呀，什么油也、也没有！”

下完了坡，老爷诧异了——咋还不见桥耶？他不由得问车夫：“桥哩？你说的桥在哪儿？”

“它呀，老爷，化啰，像你的兔油一样，化掉啰。”

（选自《伊索寓言》，韦苇译，长春出版社）

阅读闯关

1. 爱说大话的老爷说起他见过的一只兔子，从那兔子里熬出来的油在他的口中是这样变化的：

16 公斤→（　　　　）→（　　　　）→（　　　　）

2. 你认为下面的说法对吗？（对的打“√”，错的打“×”）

（1）老爷的见识很广，他曾经亲眼看到过一只有牛那么大的兔子。（　　）

（2）车夫压根儿不相信老爷的话。（　　）

（3）遇到一座桥时，老爷不再说大话了。（　　）

（4）老爷担心自己的安全，才不断地改说兔油的重量。（　　）

3. “它呀，老爷，化啰，像你的兔油一样，化掉啰。”这句话中的“它”指的是什么？从这句话中，你看出车夫是个怎样的人呢？

____

____

4. 当老爷听到车夫对马说的一番话后，心情发生了哪些变化呢？当听到车夫说“它呀，老爷，化啰，像你的兔油一样，化掉啰”，老爷又会是怎样的心情？

____

____

阅读阶梯夺星

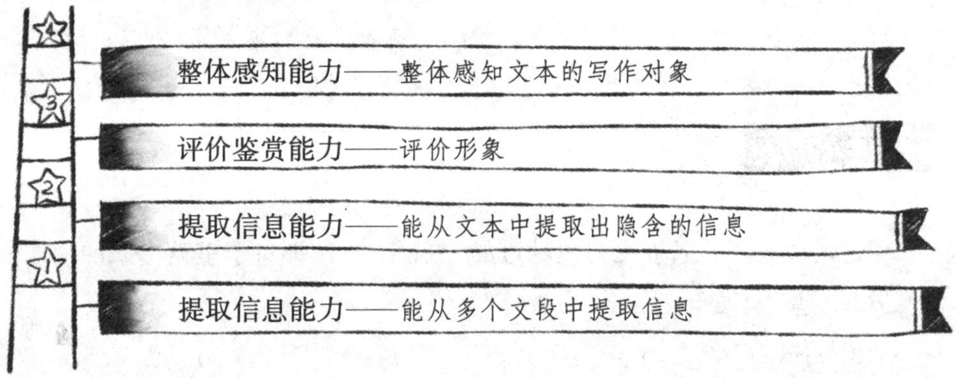

哈哈！我一共得了____颗星！

好　事　情

［苏联］瓦·奥谢叶娃

早上，小尤拉醒了。他看看窗户，太阳照耀着，天气很好。

于是小孩子也想要做点什么好事情。

他坐下来，想："假使我妹妹掉在水里，我就去救她！"

妹妹恰好走来了："尤拉，跟我去玩呀！"

"走开，别扰乱我想事情！"

妹妹受了委屈，走开了。

于是尤拉又想："假使狼来抓奶奶，我就用枪打它们！"

奶奶恰好就在讲话了："小尤拉乖乖，把碗碟收拾走。"

"你自己收拾吧，我没有工夫。"

奶奶摇摇头。尤拉又往下想："假使哈巴狗掉在井里头，我就把它捞起来！"

狗恰好就来了。它摇摇尾巴："给我喝点水吧，尤拉！"

"滚开吧！别打搅我想事情！"

哈巴狗合上嘴，夹着尾巴跑走了。

尤拉到妈妈那里说："我能做点什么好事情呢？"

妈妈抚摸着尤拉的头，说："跟妹妹去玩玩，帮奶奶把饭碗收拾收拾，给哈巴狗喝些水。"

（选自《亲子共读好故事365·春天的故事》，张美妮、巢扬主编，新世纪出版社）

阅读闯关

1. 尤拉想做点好事情，他想到了一些什么呢？请你将下列句子补充完整。

假使我妹妹掉在水里，我就（　　　　　）！

假使（　　　　　　），我就用枪打它们！

假使（　　　　　　），我就（　　　　　　）！

2. 就在尤拉想做这些好事情的时候，实际上发生了什么事呢？（　　　　）（多选题）

A. 妹妹要尤拉跟她去玩

B. 奶奶让尤拉把碗碟收拾走

C. 小狗要尤拉给它喝点水

D. 妈妈要尤拉扫地

3. 当尤拉问妈妈他能做点什么好事情的时候，妈妈是怎么说的？你认为妈妈说的那些事情算是好事情吗？

____

____

4. 如果你是尤拉的朋友，你还想劝说尤拉做些什么呢？

____

____

阅读阶梯夺星

④ 联结运用能力——与生活的联结与运用

③ 提取信息能力——能从文本中提取出直接陈述的信息

② 提取信息能力——能从文本中提取多个信息并简单概括

① 提取信息能力——能从文本中提取出直接陈述的信息

哈哈！我一共得了____颗星！

女娲补天

水神共工与天神颛顼(zhuān xū)为争夺宇宙的统治权大战一场,共工大败,向不周山撞去,不周山便轰然倒下。不周山这擎天大柱一倒,半边天就坍塌了下来。不仅天上出现了一个个的大窟窿,而且地上也被震得满是深坑。

地心因此也涌出了洪水,江河湖海的水也因震荡而被冲上陆地。它们交混着泛起滚滚恶浪,到处一片汪洋。

山石因撞击而迸发出的火花,使一片片山林燃烧起熊熊的烈火。

熊熊烈火把毒蛇猛兽通通赶出了山林。毒蛇猛兽四处逃窜,残害百姓。

人类面临着空前的大灾难。

女娲目睹着人类遭受到如此的灾难,感到无比痛心。她决心把天地修补起来,让子孙们重新过上美好的生活。

拿什么来修补天地呢?女娲环视着周围,深思了许久。忽然,她想到了一个绝妙的主意。

女娲先从山上选来了各种各样的五色石子,用大火将它们熔化成浆,然后用这些石浆去补一个个残缺的天窟窿。

眼看大功即将告成,却发现五色石不够用了,女娲心里十分着急。

为了能得到修补天洞的五色石，女娲开始到各处去寻找。可是天上的窟窿实在太大，也实在太多了，地上的五色石毕竟有限啊。

这可怎么办呢？善良的女娲只好牺牲自己，用身体来补天上的大洞。经过无数次的努力，女娲终于补好了天。

可是，坍塌了半边的天又用什么来支撑呢？

女娲想到了东海的神龟。她来到东海，斩下一只大龟的四只脚，把它们当做四根柱子。然后她来到不周山倒塌的西北部，将这片倒塌了的半边天支撑起来。

但是，由于龟腿短一些，致使西北天边偏低。从此，天就往西北边倾斜，日月星辰都会朝这个方向溜去。

为了让洪水不再漫延，女娲收集了许许多多的芦草，把它们烧成灰，堵塞到洪水流经的大小沟壑里。女娲使出了比造人时还要高出一百倍的精力，才把地上纵横交错的沟壑填平。然而，由于地面受到了剧烈的震荡，东南方逐渐低沉，所以地上的江河总是向东南方流去。

这时，四处逃窜的毒蛇猛兽还在四处危害着百姓。女娲得知后，只身赶来杀掉了危害百姓的龙蛇。这样一来，毒蛇猛兽都害怕了，相继躲进了深山老林，再不敢到处肆虐百姓了。

由于女娲的智慧与果敢，人类终于从这次巨大的灾难中解脱出来了。

从此，天地间有了日月星辰的运行，有了春夏秋冬四季的不同和昼夜的交替，有了江河水流的归顺，有了茂盛的草木，有了丰硕的五谷。

总之，天地间又恢复了宁静，人类获得了重生。大地欣欣向荣，气象万千，充满了生机。

（选自《中国神话故事》，盛州仁改编，浙江少年儿童出版社）

阅读小贴士

神话通常是为了对某种自然或社会现象作出解释，表达人们征服自然、改造社会的美好愿望。神话大致分为三类：创世神话（比如盘古开天辟地、女娲造人等）、自然神话（如精卫填海等）、英雄神话（如尧、舜、禹等）。神话故事一般会运用想象、夸张、拟人等手法来塑造人物，这些人物往往具有超人的能力、勇于牺牲的精神，被人们所敬畏。

阅读闯关

1. 拿什么来修补天地呢？女娲想到了一个绝妙的主意，这个“绝妙的主意”是指（　　）。

A. 杀掉危害百姓的龙蛇

B. 收集许许多多的芦草，把它们烧成灰，堵塞到洪水流经的大小沟壑里

C. 从山上选来各种各样的五色石子，用大火将它们熔化成浆，然后用这些石浆去补一个个残缺的天窟窿

D. 女娲决心把天地修补起来，让子孙们重新过上美好的生活

2. 你认为下面的说法对吗？（对的打“√”，错的打“×”）

（1）五色石不够用了，女娲就用自己的身体来补天上的大洞。（　　）

（2）由于龟腿短一些，致使西南天边偏低。（　　）

（3）女娲使出了比造人时还要高出一百倍的精力，才把地上纵横交错的沟壑填平。（　　）

（4）不周山的轰然倒塌是因为天神的撞击。（　　）

3. 女娲补天成功后，天地间有了哪些变化？

有了________________________________，

有了________________________________，

有了________________________________，

有了________________________________，

有了________________________________，

想象一下，天地间还会有哪些变化？请你接着再写两句。

有了________________________________，

有了________________________________。

4. 读了这个神话故事，女娲给你留下了怎样的印象？你还知道女娲的哪些故事呢？

____

____

阅读阶梯夺星

4 评价鉴赏能力——评价形象

3 联结运用能力——能从多个文段中提取信息并进行简单比较

2 提取信息能力——能从多个文段中提取信息

1 推断解释能力——推断并解释重要词句的语境意义及作用

哈哈！ 我一共得了______颗星！

学　写　字

（中国台湾）王淑芬

当我看见江老师写在黑板上的功课表时，有点儿不敢相信自己的眼睛。我一面抄，一面小声地问旁边的叶佩蓉：“星期二第七节是‘写字’吗？”

她瞪了我一眼，回答：“你自己不会看？”

我就是看见老师写“写字”，才怀疑的呀！怎么可能有这样的课？我们哪一节课不是在写字呢？为什么特别开这样一节课？

老师终于说明了：“写字课又叫书法课。我们要练习中国的国粹——毛笔字，保证大家会喜欢。”

我们果然都很喜欢，因为写字课的用具太好玩儿了。

第一次上课之前，老师抄在家长联络簿上的书法用具包括：中楷毛笔，砚台，墨或墨汁，垫布或旧报纸。最后，最重要的是——抹布。

妈妈叹了一口气，说：“古时候的欧阳修就简单多了，他的妈妈只给他一堆沙子和一根竹枝，就可以教他练习写字。”

如果妈妈也给我准备沙子和竹枝，我会更高兴，我可以用来玩过五关。

上写字课了，老师离我们远远的，站在讲台上，示范如何磨墨。

“倒一些水在砚台上，墨条蘸湿，均匀地在砚台上磨一百下。”老师还没有说完，张志明就开始磨了，不过，他的样子比较像在打蛋。

我刚数到五十，就听见陈玟的惨叫："哎哟！张志明的墨溅到我的衣服上了。"

陈玟虽然准备得很充分，两手各套了腕套，又特地把椅子拉近桌子，离张志明远远的，不过还是难逃一劫。

"同学们要注意，磨墨时要专心，不要溅出来。同时，毛笔蘸上墨后，也不要甩。"

老师刚说完，张志明立刻拿起笔来。据他说，他只是轻轻"抖"了一下，没想到，墨汁又溅到前面陈玟的背上。这下子，陈玟的衣服上已经有了六个黑点。张志明说，再加一点，就可以画成一只七星瓢虫了。

陈玟非常气愤，可是张志明不是故意的，看在他努力学习国粹的分儿上，陈玟只好接受老师的安慰，回家再用强力漂白粉清洗。

大家都非常兴奋，小心翼翼地学老师，把手抬高，用很直很直的姿势握住笔杆，模仿古人，在绵纸上练习写字。第一笔是一撇——虽然不算字，可是还真难写。

老师说，下笔要慢，想象自己心情愉快，很悠闲，把这一撇拉成一道美丽的弧线，像美女的眉毛。

我非常小心，在脑中想，美女的眉该是什么样子？结果太紧张了，撇成一团黑，倒像是《三国演义》里张飞的眉。

白忠雄带的是墨汁，不必磨墨，直接用毛笔蘸上墨就可以写。问题是，当他一打开墨汁瓶盖，全班立刻传来抗议声："好臭哇！"他还好心地告诉我们："墨汁比较省，一瓶才两块钱。"

不久，他放在桌子上的墨汁，被李静碰倒了。这下子，不但没有"比较省"，还花了半节课的时间拖地，洗李静的袜子。

每当有小朋友拿着笔跑到讲台前，问老师怎么"提腕""悬腕"

时，老师都用抹布东挡西掩的，生怕一不小心，就破坏了衣服的“清白”。

下课铃响了，老师好像松了一口气，高声地提醒我们，把剩下的墨汁小心倒回去，在水槽洗笔时不要甩；同时，又笑着告诉我们，她很感动，因为我们的写字课学习态度很好，全班都很专心，很认真。她说，从我们每一个人的“脸上”可以看得出来。

大家赶快跑到厕所去照镜子，果然，每个人的脸上都化了“黑”妆。张志明的最巧，正好一团墨汁涂在鼻子上，他用手去抹，越抹越大，最后变成了“乌鼻大将军”。

我把写字簿带回家给妈妈看。妈妈很有耐心地从第一个撇欣赏到最后一撇，最后点点头说：“书法果然是一门高深的艺术，相同的一撇，你就有三十种不同的撇法，厉害！厉害！”

张志明还教我一个秘诀。他说，写的时候要故意发抖，这样，写出来的字会更艺术，这是他哥哥说的。他哥哥在市场卖猪肉。据张志明说，他切肉的时候也是抖抖的。

没想到三年级的写字课这么有趣。我要赶快练成一手好字，下次就可以帮爷爷写春联。句子我都想好了：“恭喜新年好，红包不能少。”多押韵啊！

（选自《君伟上小学·三年级花样多》，河北少年儿童出版社）

阅读闯关

1. 老师认为我们的写字课学习态度很好，可以从我们每个人的“脸上”看出来。老师想表达的意思是什么？（　　）

A. 同学们脸上有认真的表情

B. 全班同学都很专心

C. 同学们的脸上都有墨汁

D. 同学们能写出不同的撇法

2. 你认为下面的说法对吗？(对的打“√”,错的打“×”)

(1) 我们喜欢写字课是因为写字课的用具太好玩儿了。(　　)

(2) 陈玟将墨汁溅到了张志明的身上。(　　)

(3) 张志明磨墨的样子比较像在打蛋。(　　)

(4) 白忠雄最后变成了“乌鼻大将军”。(　　)

3. 这个故事中出现了哪些人物？你印象最深的是谁？为什么？

____

____

4. 写字课上发生的事情真的很有意思。陈玟的衣服差一点就成了“七星瓢虫”;白忠雄的墨汁不但没有“比较省”,他还花了半节课的时间拖地,洗李静的袜子……请你回忆一下你们班的写字课上发生过的很好玩的事儿,并写下来。(100字左右)

____

____

____

____

____

____

____

阅读阶梯夺星

4 联结运用能力——与生活的联结与运用

3 评价鉴赏能力——评价形象

2 提取信息能力——能从多个文段中提取信息

1 推断解释能力——推断并解释重要词句的语境意义及作用

哈哈！我一共得了____颗星！

拆我的那一层

阿凡提向一个巴依借了一百个元宝，一家人都动手，辛辛苦苦盖了一座两层的楼房。阿凡提还没搬进去，巴依看见新盖的房子很好，就打主意要把二楼弄过来自己住，算是阿凡提拿房子抵了债，阿凡提要是不答应，他就要阿凡提马上还钱。

“好极啦，好极啦！”阿凡提听了巴依的话，一点儿也没露出不愿意的样子，“我正发愁怎么还债呢。这一来可好了，就照您说的办吧！”

巴依全家得意洋洋地搬到新房子的二楼上来了。过了几天，阿凡提忽然请来了七八位邻居，大家一齐抡着砍土镘，拆起墙来。巴依听见楼下轰隆轰隆地响，跑下来一看，大吃一惊，叫道：

“阿凡提，你疯了吗？怎么拆起新房子来了？”

“你在家里待着吧！这和你没关系。”阿凡提一边说，一边忙着拆墙。

“怎么没关系？太有关系啦！”巴依急得直跳，大声嚷了起来，“我就住二楼呀！要是楼塌了，怎么办？”

“这有什么关系？”阿凡提说，“我拆的是我那一层，又没拆你那一层。请你好好看住你那层楼，可别让它塌下来压伤了我们呀！”说着，又抡起了砍土镘。

巴依没有办法，只好放软口气，和阿凡提商量起来：

“我的好阿凡提，求你看在咱们交情的分儿上，把你的那一层也卖给我，好吗？”

“卖吗？你给二百个元宝。”阿凡提说。

“这……这……”巴依说不出话来。

“少一个也不卖，我还是拆。”说着，阿凡提又举起了砍土镘。

“我买，我买！”巴依只好把房子买了下来。

（选自《阿凡提的故事》，赵世杰编译，中国少年儿童出版社）

阅读闯关

1. 故事中“巴依没有办法，只好放软口气”中的“放软口气”是指（　　）。

A. 巴依没有气力

B. 巴依很懦弱

C. 巴依用商量的口气与阿凡提协商

D. 巴依辩不过阿凡提

2. 反复朗读，揣摩句子的言下之意，选择正确答案。

(1)“好极啦，好极啦！”阿凡提听了巴依的话，一点儿也没露出不愿意的样子。（　　）

A. 阿凡提愿意用一层楼房还巴依的债

B. 因为巴依想霸占二楼，阿凡提一时拿不出钱还债，但他已经想好了惩治贪婪巴依的法子

C. 阿凡提很高兴，用借来的一百个元宝盖的楼不但不用还债了，自己还留下了一层

D. 阿凡提觉得巴依让他还钱的方法很好

(2)“这……这……”巴依说不出话来。(　　)

A. 巴依不想买下楼房

B. 巴依说话断断续续的

C. 巴依不会说话了

D. 巴依心里不愿意花二百个元宝买一层,但又没有合适的理由反驳阿凡提,所以话都说不出来了

3. 巴依花了(　　)个元宝买下了阿凡提借一百个元宝盖的房子。

A. 一百　　B. 二百　　C. 三百　　D. 四百

4. 巴依明知吃了亏也没办法,阿凡提“拆我的那一层”方法妙在哪里?

______

5. 阿凡提是新疆维吾尔族流传的一个智慧人物,你还知道他的哪些智慧故事?试着说一个。

______

阅读阶梯夺星

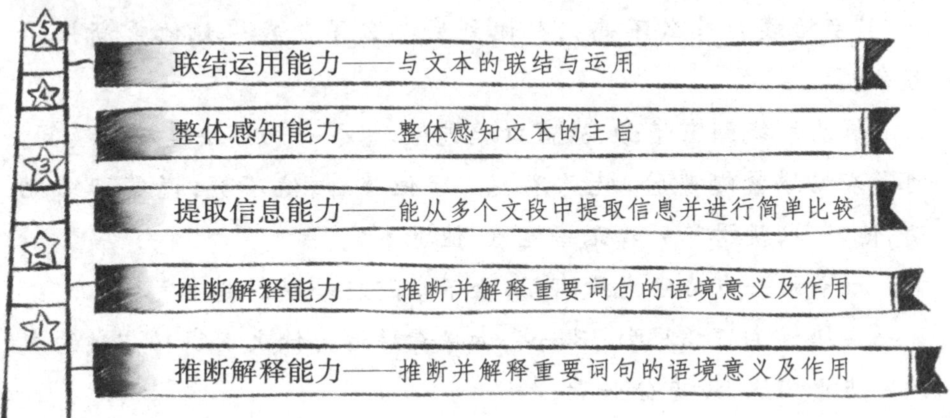

哈哈! 我一共得了______颗星!

化　　装

金建华

灰蛤蟆早上起来照照镜子，突然不高兴起来："我的皮肤一点也不绿，不像绿青蛙那么好看。"

灰蛤蟆哪儿也不想去，坐在地板上生气。绿青蛙来了，敲敲门，说："蛤蟆，是我，快开门！"

"我今天谁也不见，"灰蛤蟆说，"你回去吧。"

"我是你最好的朋友呀，难道你连我也不想见了吗？"绿青蛙惊讶地问。

"不见！"灰蛤蟆气冲冲地回答。

"灰蛤蟆为什么不高兴？他到底怎么了？我得让他重新快乐起来。"

绿青蛙绕到窗子旁，从窗口跳进屋，想尽一切办法逗灰蛤蟆笑。可是灰蛤蟆紧绷着脸，就是不笑。搔他痒痒，他不笑；说笑话给他听，他不笑；跳滑稽的舞蹈给他看，他也不笑。

绿青蛙一点办法也没有了，坐下来陪灰蛤蟆一起生气。

灰蛤蟆不好意思啦，只好告诉绿青蛙他为什么不高兴："我的皮肤一点也不绿，没有你好看。"

"可惜，我不能把我的皮换给你！"绿青蛙叹了口气说。他想啊想，有办法了！他跳起来，打开门冲出去。

不一会儿，绿青蛙拎着一大桶绿色的颜料回来了。他用刷子蘸上颜料，一下一下往灰蛤蟆身上涂。背上涂好了，涂脸上；脸上涂好了，涂四肢。“好了，去照照镜子吧！”绿青蛙放下刷子说。

站在镜子前，灰蛤蟆满意地笑了。他冲上来拥抱绿青蛙：“走，出去玩去！”

他们走在路上，大家都回过头来看，说：“真奇怪，这个走在绿青蛙身边的得意洋洋的家伙是谁呀？”

“是青蛙的好朋友蛤蟆呀！”灰蛤蟆回答。

大家都笑起来，摇摇头说：“青蛙的好朋友是灰蛤蟆，不是你！”

“那我是谁？”灰蛤蟆低头看自己，说，“为了做青蛙的好朋友，我还是做灰蛤蟆吧。”

这时候天突然下起雨来，哗哗的雨水冲走了灰蛤蟆身上的颜料，灰蛤蟆又变成了原来的模样。

“青蛙的好朋友还是我，这真好！”灰蛤蟆说着，和绿青蛙手拉着手往前走去。

（选自《新世纪五星童话·绿星篇》，张秋生、刘保法主编，上海教育出版社）

阅读闯关

1. 短文中“化装”是指（　　　　　　　　　　　　　　　　　　），结果（　　　　　　　　　　　　　　　　　　）。

2. 为了让灰蛤蟆高兴起来，绿青蛙（　　　　　　）（　　　　　　）（　　　　　　），可是灰蛤蟆都不笑。后来，绿青蛙（　　　　　　　　），灰蛤蟆终于满意地笑了。

3. 大家不相信涂上绿颜料的灰蛤蟆是绿青蛙的好朋友，是因为(　　)。

A. 绿青蛙的朋友灰蛤蟆是灰色的，不是绿色的

B. 灰蛤蟆长得不像青蛙

C. 灰蛤蟆连自己都不知道自己是谁

D. 灰蛤蟆身上的颜色不自然

4. 你认为绿青蛙和灰蛤蟆谁漂亮？为什么？

____

____

5. 读了这个故事，你明白了什么？

____

____

____

阅读阶梯夺星

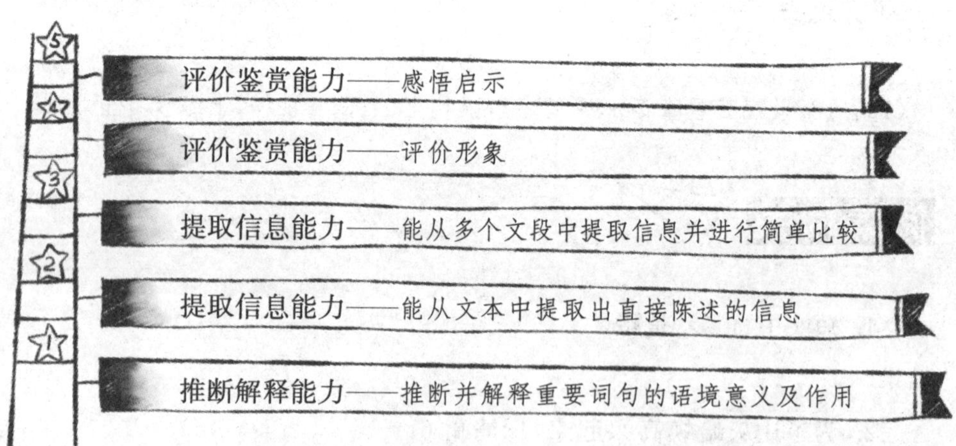

哈哈！　我一共得了______颗星！

芽儿在哪儿过冬

[苏联]维·比安基/著　王汶/译

现在,一切植物都在麻痹状态中。可是它们都准备好了迎接春天,准备好了开始发芽。

这些芽儿在哪儿过冬呢?

树木的芽,高高地在地面上空过冬。各种草的芽都有它自己的过冬方法。

例如林繁缕的芽,是在枯茎的叶脉里过冬。它的芽还活着呢,颜色是绿的,叶子却在秋天就枯黄了,整棵植物好像死了似的。

但是触须菊、卷耳、石蚕草以及许多其他的矮小草儿,不仅在积雪下保全了芽,而且还把自己保存得完整无恙,准备浑身碧绿地迎接春天。

这些小草的芽,都是在地上过冬的,虽然离地不是很高。

别种草儿的芽的过冬方法就不同了。

去年的艾蒿(hāo)、牵牛花、草藤、金梅草和立金花,这会儿在地上什么也没留下,只剩下半腐烂的茎和叶子。

如果要寻找他们的芽,你可以在紧挨地面的地方找到。

草莓、蒲公英、苜蓿(mù xu)、酸模、蓍(shī)草等的芽,也在地面上过冬,不过,这些芽有小小的绿色叶簇包裹着。这些草儿也准备浑身碧绿地从雪底下露面。还有别种的草儿,把芽保藏在地

底下过冬。鹅掌草、铃兰、舞鹤草、柳穿鱼、狭叶柳叶菜、款冬等的芽，在根状茎上过冬；野大蒜、野葱等的芽，在鳞茎上过冬；紫堇的芽在小块茎上过冬。

生长在陆地上的植物的芽，就在这些地方过冬。那些水生植物的芽，却埋在池底或湖底的淤泥里过冬。

（选自《森林报·冬》，二十一世纪出版社）

阅读闯关

1. 把植物和它们相应的过冬方法用线连起来。

林繁缕	水底的淤泥里
蒲公英	鳞茎上
柳穿鱼	枯茎的叶脉里
野葱	绿色叶簇包裹着
荷藕	根状茎上

2. 这篇文章介绍芽儿过冬方式的顺序是：

地面上空的树⟶（　　　　　　　　　）⟶（　　　　　　　　　）⟶（　　　　　　　　　）

3. 帮下面的植物找到它们的芽儿过冬的地方，并在图上相应的位置写出来。

触须菊　　　白杨树　　　菱角　　　鹅掌草

4. 你还知道哪些植物的芽儿过冬的方式呢？试着举一两个例子。

____

____

阅读阶梯夺星

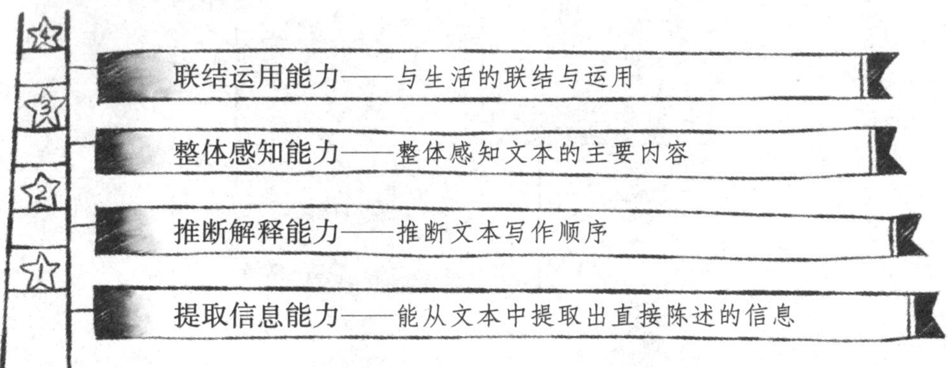

哈哈！我一共得了____颗星！

小　纸　人

在孩子的巧手中，一张小纸可以变成你意想不到的东西，可以玩出你意想不到的游戏，你想用一张纸开始一段有趣的旅程吗？下面，请你准备好长方形的纸，以及剪刀和胶水，学着动手做小纸人。

小纸人制作步骤

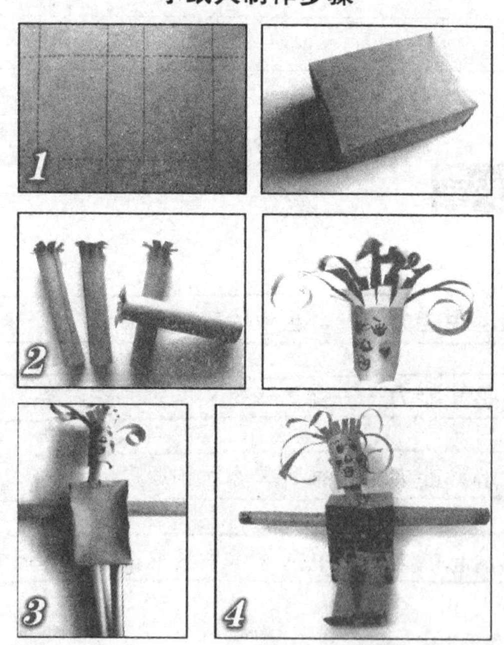

1. 在一张长方形的纸上，根据你所需要的大小尺寸，按图中虚线画好，按虚线折叠，变成一个长方体，做他的身体。

2. 做四个圆柱形，当四肢(注意根据人体的比例，四肢不要太短)。用一个小圆柱体做头，裁剪、折叠出人物的头发，并添画上人物的五官(注意设计人物的发型、画出人物不同的表情)。再做一个小圆柱体当脖子。

3. 做好头、脖子、身体、四肢后，将它们粘贴组合起来。(注意人物的动作：站与立决定腿粘在身体不同的位置。黏合时要固定一下，待乳胶稍干，才将手放开。)

4. 通过折叠、修剪，塑造出人物不同的动态，然后设计人物的服装，增加一些小细节，让人物更加生动(比如鞋子、帽子……)。

(选自《早期教育》，2009 年 3 月)

阅读闯关

1. 细读小纸人的制作步骤，请将小纸人制作过程的示意图补充完整。

做一个长方体当身体→(　　　　　　　　　　)→用一个小圆柱体做头→(　　　　　　　　　　　　　)→将它们粘贴组合

2. 你认为下面的说法对吗？(对的打“√”，错的打“×”)

(1) 制作小纸人需要做四个圆柱形。(　　)

(2) 小纸人的站与立决定腿粘在身体不同的位置。(　　)

(3) 黏合时，涂上乳胶，便可立即将手松开。(　　)

(4) 要想塑造小纸人的不同的动态，必须添画一些小细节。(　　)

3. 根据小纸人的制作步骤，你发现需要哪些工具呢？(　　　　)(多选题)

A．长方形的纸　　　　B．剪刀

C．胶水　　　　D．水彩笔

4. 如果让你来制作小纸人，你想增加哪些小细节，使你的小纸人显得更生动呢？

____

____

5. 现在就请你准备好工具，按照小纸人的制作步骤，来完成你的小纸人吧！

阅读阶梯夺星

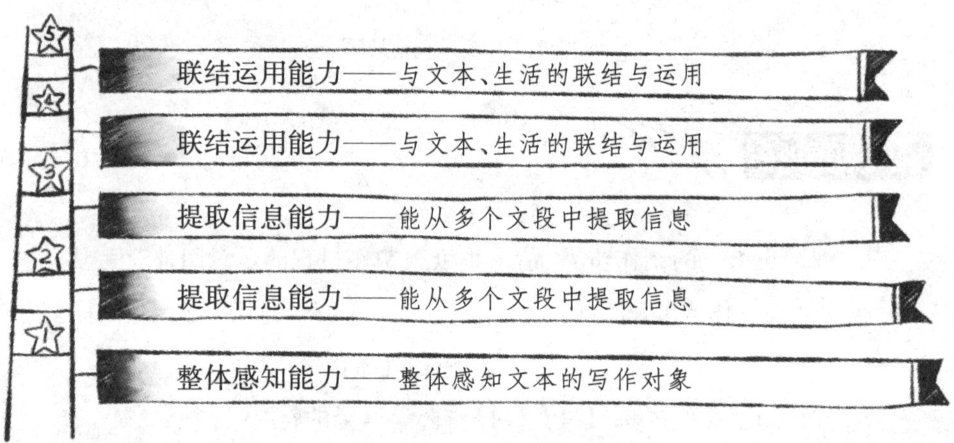

哈哈！我一共得了____颗星！

你要去哪里

18W

动物园 ← 新华中学

下站 大润发超市

动物园 名星装饰城 中山路 井苑小区 东花园 汽配城 工人新村 制药厂 大学南路 大学北路 师范学院 宝带小区 大剧院 安兴苑 云来花园 望月苑 巴黎春天 大润发超市 ▼亲近母语 月亮城 长春路 怡景苑 瘦西湖 新华中学

首班车：6：49
末班车：18：56
间隔时间：12-14分钟

无人售票 上车投币 自备零钱 每位一元 刷卡八折

阅读小贴士

阅读公交车站牌，最关键的是先要弄清楚自己所处的位置，你所处的站台名称会用不同的颜色或标志表现出来。另外，要根据箭头的指向了解乘车的方向，千万不要“南辕北辙”哦。学会阅读公交车站牌，你就不会在城市中迷路了。

阅读闯关

1. 仔细观察这个站牌，你知道所处的这个站点的名称是什么吗？下一

站是哪里？

____

____

2. 18 路公交车的首班车和末班车的时间分别是(　　)。

A. 6：30　19：36　　　　　　B. 6：49　18：56

C. 6：49　18：30　　　　　　D. 8：30　16：56

3. 如图所示，18 路公交车的起点站和终点站分别是什么？

____

4. 如果你从所处这个站点乘坐 18 路公交车，到大学南路下车，需要经过几站路？

____

阅读阶梯夺星

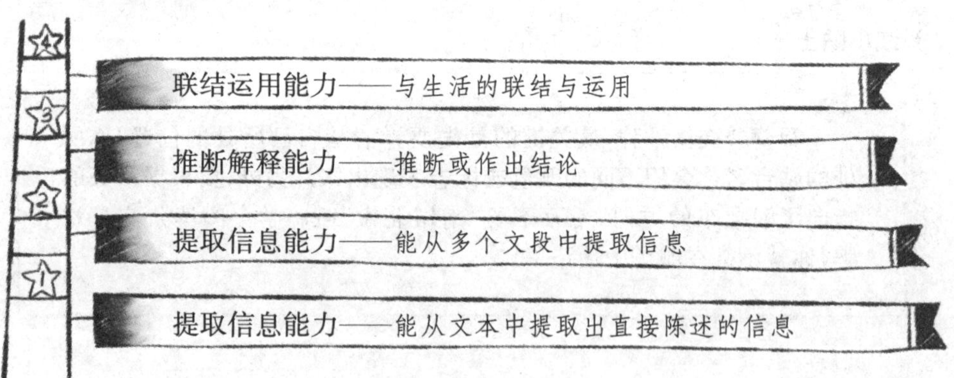

哈哈！我一共得了______颗星！

下卷

布拉德利的账单

[美国]休克尔

八岁的小男孩布拉德利喜欢用钱来衡量每件东西。他想知道他看见的每件东西的价钱,如果这个东西不是很贵的东西,他便认为它毫无价值。

但是有很多东西不是用金钱就能买到的。其中有一些东西是世界上最宝贵的东西。

一天早晨,布拉德利下楼吃早饭,他把一张叠得整整齐齐的纸放在母亲的盘中。他母亲打开这张纸,她简直不能相信,但这的确是她儿子写的:

> 妈妈欠布拉德利:
> 跑腿费3美元
> 倒垃圾2美元
> 擦地板2美元
> 小费1美元
> 妈妈总共欠布拉德利8美元

妈妈看到这张字条时笑了,但她什么也没说。

吃午饭时,她将账单连同八美元一起放在布拉德利的盘中。布拉德利看到钱时,眼睛都发光。他把钱很快地放进口袋,开始盘算着用这笔报酬买什么东西。

突然他看见在他的盘子边上还有一张纸，整整齐齐地叠着，像他给母亲的纸条一样。当他把纸条打开时，他发现是一张他母亲写的账单。纸条是这样写的：

布拉德利欠妈妈：
教养他 0 美元
在他得水痘时照顾他 0 美元
买衣服、鞋子和玩具 0 美元
吃饭和漂亮的房间 0 美元
布拉德利总共欠妈妈 0 美元

布拉德利坐在那儿看着这张新账单，没有说一句话。几分钟以后他站起来，把那八元钱从口袋里拿出来，将它放在妈妈的手中。从那以后，他帮助妈妈是出于爱心的。

阅读闯关

1. 你认为下面的说法对吗？(对的打“√”，错的打“×”)

(1) 布拉德利帮妈妈做事要钱不是因为他喜欢钱，而是因为他喜欢用钱衡量每件东西是否有价值。(　　)

(2) 看到儿子的账单妈妈笑了，是因为她很欣慰儿子喜欢钱。(　　)

(3) 布拉德利看到妈妈给他的钱，眼睛发光是因为他爱钱如命。(　　)

(4) 看了妈妈的账单布拉德利知道了帮助妈妈做事应该出于爱心。(　　)

2. 妈妈写一张都是 0 元的账单给布拉德利的目的是________________

____________________________________。

3. 有些东西是金钱买不到的，比如（　　　　）。（多选题）

A. 好玩的玩具　　　　　　　B. 你对长辈的孝心

C. 父母对子女的爱　　　　　D. 朋友间的友情

4. 试着帮妈妈把下面这张为你所做一切的账单填完整。

妈妈为你做的事	应得报酬（元）

看了这个账单，你想对妈妈说什么？

____

____

阅读阶梯夺星

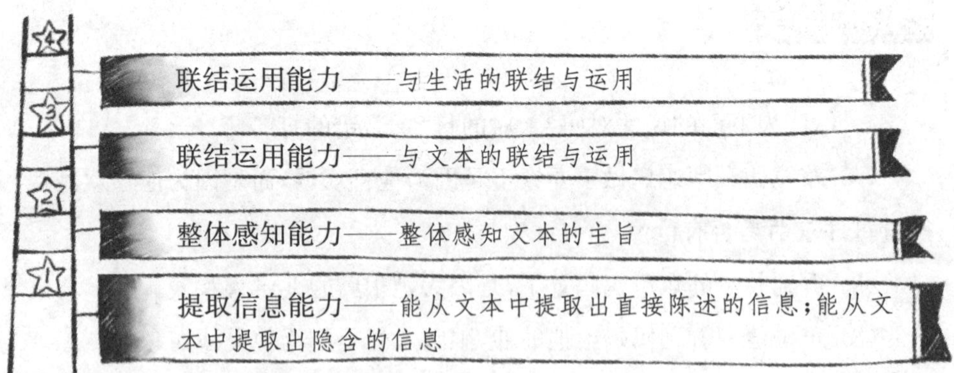

哈哈！ 我一共得了____颗星！

巴喳—巴喳

[英国] 杰·里弗茨

穿上大皮靴在林子里走，
巴喳——巴喳！

“笃笃”听见这声音，
就一下躲到了树枝间。

“吱吱”一下蹿上了松树，
“嘣嘣”一下钻进了密林。

“叽叽”嘟一下飞进绿叶中，
“沙沙”哧一下溜进了黑洞。

全都悄没声儿地蹲在看不见的地方，
目不转睛地看着
“巴喳——巴喳”
越走越远。

（韦苇 译）

阅读闯关

1. 这首诗中有很多的拟声词，它们分别代表谁呢？请你照样子连线。

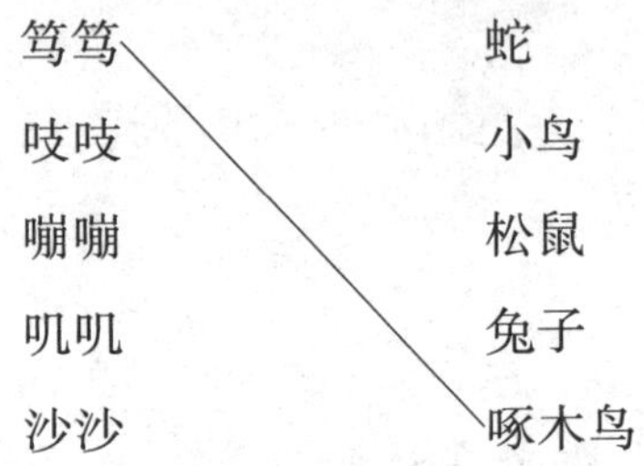

笃笃	蛇
吱吱	小鸟
嘣嘣	松鼠
叽叽	兔子
沙沙	啄木鸟

2. 你认为下面的说法对吗？（对的打“√”，错的打“×”）

（1）“笃笃”听见这声音，就一下躲到了树枝间，因为它想跟“巴喳巴喳”玩捉迷藏的游戏呢。（　　）

（2）“嘣嘣”听见这声音，就一下溜进了黑洞。（　　）

（3）当“巴喳巴喳”的声音响起来的时候，林子里一下子热闹起来。（　　）

（4）“巴喳巴喳”不是小动物发出的声音，而是大皮靴在林子里走发出的声响。（　　）

3. 你知道下面的动物可以用什么样的声音来表示它吗？请在相应的括号内填上恰当的拟声词。

（　　　　）

（　　　　）

（　　　　）

4. “全都悄没声儿地蹲在看不见的地方，目不转睛地看着‘巴喳——巴喳’越走越远”。这些小动物们心里在想些什么呢？

____

阅读阶梯夺星

4 评价鉴赏能力——体验情境、细节

3 联结运用能力——与生活的联结与运用

2 提取信息能力——能从文本中提取出隐含的信息

1 推断解释能力——推断并解释重要词句的语境意义及作用

哈哈！ 我一共得了____颗星！

小 黑 羊

[德国] 乌尔苏娜·韦尔芙尔/著　陈俊/译

是这样，从前有一只黑色的小绵羊，它所在的羊群里，其他的羊全都是白色的。其实只是它们自认为是这样，看上去它们并不纯白，而是灰塌塌的。可是它们总是对小黑羊说："走开！你这黑色的丑八怪！"黑色的小绵羊可伤心了。它独自跑得远远的，藏起来不和其他羊见面。有一回它甚至跳进深深的小溪里，在冷水中浸泡了三个小时。可就是这样也没有把自己洗白，冰冷的溪水弄得它感冒了一场。于是它跑到另一个羊群去。可是这里也一个样。那些陌生的羊对它说："走开！你这黑家伙！"还说："伙伴们，瞧见这黑家伙没有？世界上的羊都该是白色的呀！"

于是这只黑色小绵羊心想：上帝造我时肯定把颜色弄错了。它想到上帝那里去，(要求　恳求)他把它变得和其他羊一样白。

它来到了小天门前。守门使者看它这么黑，不让它进去。小黑绵羊伏下身子，乘他不注意时从他身旁溜了进去。中天门的守门使者见它这么黑，对它产生了几分同情，放它进了门。最后的一道门，也就是大天门的使者一见它就叫道："哇，多漂亮啊！一只黑色的小绵羊！我最喜欢你这样的了！"使者(怒气冲冲　和颜悦色)地领着小黑羊朝前走。可是小黑羊突然害怕起来，也许上帝根本就不想见到黑羊呢？就在这时它听到使者在喊："上帝呀，你的造物是多么精妙啊！这只黑色的小绵羊多么可爱呀！上帝呀，你特别喜欢它吧？”又听到一个声音在回答：“是的。”这是上帝的声音，它又响亮又清晰。除此之外，小黑羊什么也没有看见和听见，可是它已经感到够幸福了。

它重新跑回原先的羊群。“走开！”那些羊叫道，“你这黑色的丑八怪，怎么又回来了？”可是这时的小黑羊内心只有自豪感。“是的，”它说道，“我知道我黑。”它只管吃自己的草，而且一直友好地对待所有的羊。那些羊最终习惯了自己的黑兄弟，大家相安无事。

（选自《风鞋与火鞋》，二十一世纪出版社）

阅读闯关

1. 用“√”选出文章括号里恰当的词语。

2. 下列句中加点词表达了小黑羊怎样的想法？

(1) 有一回它甚至跳进深深的小溪里，在冷水中浸泡了三个小时。

____

(2) 小黑羊伏下身子，乘他不注意时从他身旁溜了进去。

____

3. 同伴们说小黑羊是“丑八怪”，大天门使者和上帝却说他很漂亮，这是因为（　　）。

A. 小黑羊的确很漂亮

B. 小黑羊的确很丑

C. 如果世界只是一个模子，那肯定是单调无聊的，每一种人都有长处和短处，看你从什么角度去欣赏

D. 因为小黑羊是上帝造出来的，所以他不好意思说小黑羊丑

4. 你身边有“小黑羊”吗？读了这个故事，你会怎么想？怎么做？写出来。

阅读阶梯夺星

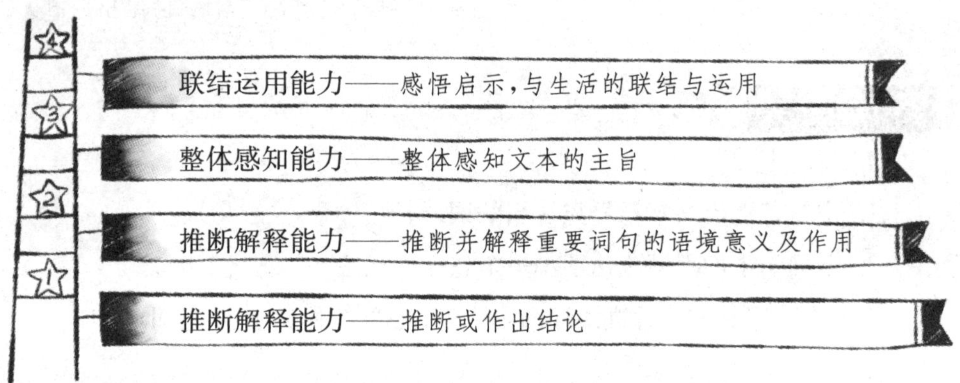

哈哈！我一共得了____颗星！

海啸有多么恐怖

[韩国] 李光烈/著　唐建军/译

大海里泛起的波涛长达数百千米时，人们称其为海啸。

波涛的力量十分凶悍，较为普通的暴风雨发生后每平方米的压强能达到20万～30万帕，但当强暴风雨来临时，所具有的冲击力就好像重达800～2000吨的混凝土块不断地向海面砸去。

1933年2月，从菲律宾马尼拉开往美国圣地亚哥的轮船拉马号在途中遭遇暴风雨，当时波浪高度达33.6米，相当于地面的8层楼高。

1965年发生在太平洋的台风使匹兹堡号的船头裂开了30米。

1958年10月，浪高达10米的波涛淹没了印度洋上的巴尔巴多斯热带岛屿，对当地造成了巨大损害。

1960年5月，智利大地震所引发的海啸甚至越过太平洋奔涌至日本海岸。当时海啸的速度为700千米/时，仅仅在24小时内就穿越了太平洋。

1896年发生在日本海岸的海啸转眼之间就夺去了26000人的生命。

1946年在阿留申群岛发生了大地震，大地震所引发的巨大海浪在不到5小时的时间就席卷了3000千米外的夏威夷，将岛内建筑和桥梁冲出几百米远。

地震海啸一般由发生在大海底部的地震引发，由于地震，大海底部出现下沉和上升的现象。

海啸让很多人丧命，农作物和工业设施被席卷一空，的确是令人不寒而栗的恐怖自然力量。

（选自《生活中的科学》，广西科学技术出版社）

阅读闯关

1. 你认为下面的说法对吗？（对的打“√”，错的打“×”）

（1）海啸是大海里泛起的长达数百千米的大波涛。（　　）

（2）1960 年 5 月智利地震发生的海啸 24 小时内就影响到了日本。（　　）

（3）文章中举了 5 个海啸引起破坏的例子。（　　）

（4）临近海边的城市受海啸的威胁最大。（　　）

2. 文章中用到了很多数字，比如 20 万～30 万帕、800～2 000 吨、33.6 米、10 米等说明了（　　　　　　　　　　　　），而裂开了 30 米、夺去了 26 000 人、席卷了 3000 千米外的夏威夷等说明了（　　　　　　　　　　　）。

3. 引起海啸的原因主要是（　　　　　　　）和（　　　　　　　）。

4. 说说海啸的恐怖性有哪些？

____

____

____

____

阅读阶梯夺星

4 整体感知能力——整体感知文本的主要内容

3 整体感知能力——整体感知文本的主要内容

2 评价鉴赏能力——品味语言、结构、表达

1 提取信息能力——能从文本中提取出直接陈述的信息

哈哈！ 我一共得了____颗星！

小蜜蜂的隐身法

［乌拉圭］奥拉西奥·基罗加

小蜜蜂冷得发抖，她爬呀爬，突然掉进了一个坑里，说得更准确些，她掉进了洞里。突然，在她面前出现了一条蛇。其实，这是一棵老树下的树洞，蛇早在这里做了窝。蛇是很喜欢吃蜜蜂的，可是，出乎小蜜蜂的预料，蛇不仅没有吃她，反而和她说起话来。

"咱们来试一试，看谁的本领高。假若我赢了，我就吃掉你。"

"假若我赢了呢？"小蜜蜂问道。

"假若你赢了，就让你在这里过夜。行不行？"

"行！"小蜜蜂回答说。

蛇又哈哈大笑起来，因为它想到了一件蜜蜂永远也不会做的事。它出去了一会儿，转眼间带回了一只装满榕树籽的陀螺。孩子们常常玩这种陀螺，把他们叫做榕树陀螺。

蛇对小蜜蜂说："这就是我要做的，你注意看看！"

蛇敏捷地用尾巴像绳子一样把陀螺缠住，然后很快地抽回，于是，陀螺飞速地旋转起来，疯了似的发出嗡嗡的声音。

蛇得意地笑了笑。的确，蜜蜂是无论如何都不能使陀螺旋转跳舞的，待陀螺停下来，倒在地上以后，小蜜蜂说："你这一手确实漂亮，我做不了。"

"那么，我就该吃掉你了。"蛇高兴得叫了起来。

“慢着！这事我不会做，可我有一种谁也不会的本领。”

“那是什么？”

“隐身法。”

“什么？不离开这个地方就使自己隐身匿迹？”蛇惊奇得跳起来大声喊道。

“不离开这里。”

“也不藏在地下？”

“不藏在地下。”

“那么，好！你就试一试。要是你没有这个本事，我就吃掉你。”蛇说道。

原来，当陀螺在旋转跳舞时，小蜜蜂有充裕的时间仔细观察了洞的四周，她发现一颗植物，它近似小灌木，叶子像硬币那样大小。

“好！现在看我的了！蛇先生，请你转过身去，数一、二、三。当数到‘三’的时候，你来找我吧！那时，你就看不见我了。”

小蜜蜂一面说，一面飞近这棵植物，但小心翼翼不去碰触它。

蛇回过了身，很快地数了“一、二、三”，接着，马上转过来。他一看，惊奇得目瞪口呆了，原来小蜜蜂不见了。他用目光上下左右扫了一遍，搜查了每个角落，还有那棵小灌木，他甚至用舌头去试探了一下，小蜜蜂果真不见了。

蛇心里想，自己转陀螺十分精湛，可是小蜜蜂的这个本事更妙。她怎么搞的？到哪儿去了？蛇没有办法找到她。

最后蛇大声说：“好！我认输了，你在哪儿？”这时，从洞的中央传出来小蜜蜂的说话声，声音小得几乎听不见，“你能发誓不伤害我吗？”

“好！我发誓。你在哪儿？”蛇回答说。

“我在这里！”小蜜蜂突然从小灌木的一片紧闭的叶子里钻了出来。

怎么回事呢？很简单：那棵小灌木是一种含羞草，在布宜诺斯艾利斯也很常见，只是轻轻碰一下，叶子就关闭了。因为在米松内斯省，植物长得很茂盛，含羞草的叶子也很大，小蜜蜂一碰含羞草，叶子就合起来，把她包在里面了，所以出现了这个奇迹。

（节选自《一只懒惰的小蜜蜂》）

阅读小贴士

人物之间形式多样的对话描写，能突出人物的形象，也能使文章显得更生动活泼。对话描写使用提示语有这么几种形式：提示语在前、提示语在后、提示语在中间，提示语隐身。《小蜜蜂的隐身法》这个童话故事中，运用了三种对话描写形式呢！

阅读闯关

1. 小蜜蜂的“隐身法”其实就是（　　）。

A. 藏在地下

B. 离开这里

C. 躲进树洞里

D. 躲进含羞草的叶子里

2. 蛇是怎样使陀螺旋转跳舞的？在文中用“～～～”划出相关句子。

这句话把（　　　　　　）比作了（　　　　　　）。

3. 仔细朗读下面的对话，请补充上合适的提示语。

“那么，我就该吃掉你了。”蛇高兴得叫了起来。

小蜜蜂(　　　　　　)说：“慢着！这事我不会做，可我有一种谁也不会的本领。”

“那是什么？”蛇(　　　　　　)地问道。

“隐身法。”

“什么？不离开这个地方就使自己隐身匿迹？”蛇惊奇得跳起来大声喊道。

“不离开这里。”

“也不藏在地下？”(　　　　　　)

“不藏在地下。”(　　　　　　)

4. 小蜜蜂是怎么做到让蛇不吃她的？

____

____

阅读阶梯夺星

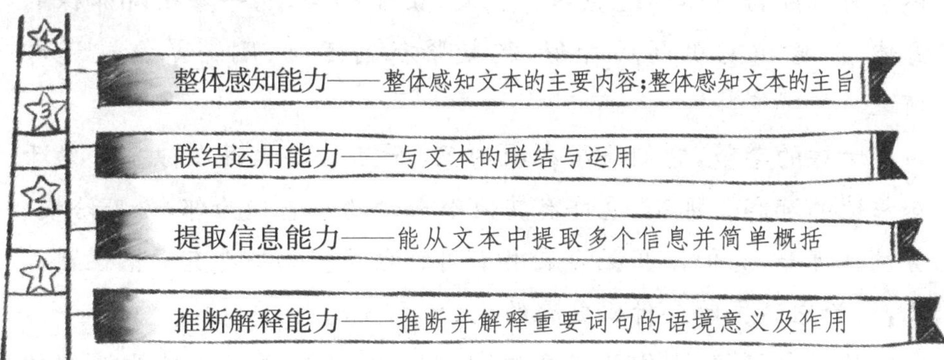

哈哈！ 我一共得了______颗星！

蜗　牛

［法国］弗朗西斯·蓬热

蜗牛喜欢潮湿的土地。它们全身贴地往前走。它们身上带着泥土,泥土是它们的食物,也是它们的排泄物。泥土穿过它们的身体,它们穿越泥土。这是情趣奥妙的相互渗透,因为可以说这是同一颜色的深浅的变化:其中一个是积极成分,一个是消极成分,消极成分围绕、喂养积极成分,而积极成分边移动边进食。

关于蜗牛,还有许多别的话要说,首先,它自身的湿润,它的冷血,它的延伸性。

此外,我们无法想象一只抛开背上甲壳而静止不动的蜗牛,它休息时立即将身体缩进壳内。相反,由于腼腆,它一露出那赤裸的身体,一露出它脆弱的外形,就赶紧往前运动,刚一暴露就迅即前进。

干燥的季节,它们隐居在壕沟里,而且它们的存在似乎有助于居住地的潮润。那儿,也许有其他冷血动物与它们为邻,如癞蛤蟆、青蛙。可是,它们离开壕沟采用不同的方式。蜗牛更有资格住在那儿,因为它离去时要付出更大的代价。

然而要记住,它们虽然喜爱潮湿的土地,但并不喜欢那泽国的湿土:如沼泽、池塘。它们当然更喜欢坚实的土地,但这种土地必须是肥沃和湿润的。

它们也爱吃蔬菜和水分充足的绿叶植物。它们懂得挑选最嫩的叶子，食后仅仅留下叶脉。比如，它们是蔬菜的大患。

它们待在壕沟底干什么？它们喜欢那儿的环境，但那儿终不是久留之地。它们是壕沟的常客，但它们向往浪游的生活。而且它们在沟底和在泥土的小径上一样，背上的甲壳依然使它们显得矜持。

当然，到处背着这样一个壳儿确实是个累赘(léi zhuì)，但它们并不抱怨。相反，它们把这当成一件幸事。无论走到什么地方，它们随时可以躲进自己家里，使那些居心叵(pǒ)测的人无可奈何。这实在是一种可贵的长处，为此付出代价完全值得。

它们由于有这个能耐、这个方便而洋洋自得。我是一个如此敏感、如此脆弱的生命，怎么能够固若金汤，不怕那些讨厌的东西的袭击，享受幸福的安宁？于是，这背上的掩蔽所应运而生。

我如此紧紧地附着于地面、如此令人怜悯、如此缓慢、如此一往直前、如此有本事离开地面缩进我的家屋，我还有什么忧愁？任你把我踢到什么地方，我有把握在命运放逐我的土地上重新站立起来，重新附着于地面，而且在那儿找到我的饲料——泥土，这最普通的食粮。

啊，当一只蜗牛是多么幸福、多么快活！它还用自己的流涎在它接触过的一切东西上面印下印记。它身后是一道银光闪闪的轨迹。

蜗牛是孤独的，的确如此。它的友人寥寥无几。可是，为了生活得幸福，它并没有这种需要。它同大自然如此亲密地黏附在一起，它如此亲切地享受大自然的恩宠；它是它所拥抱的土地和菜叶的朋友；它是天空的朋友。它骄傲地抬起头颅和那双敏锐的眼珠：高贵、从容、睿智、自豪、自负、骄傲。

请不要说蜗牛在这方面和猪相似。不，它没有那种平庸的小脚、那种惴惴不安的碎步小跑。

阅读闯关

1. 文中的“固若金汤”是指(　　)。

A. 蜗牛隐居在壕沟里,不易让人发现

B. 蜗牛身体的颜色与泥土接近

C. 蜗牛同大自然亲密地黏附在一起

D. 蜗牛背着壳儿,就不怕那些讨厌的东西的袭击,可以享受幸福的安宁

2. 你认为下面的说法对吗?(对的打“√”,错的打“×”)

(1) 蜗牛喜欢久居在壕沟里。(　　)

(2) 蜗牛是蔬菜的大患。(　　)

(3) 蜗牛喜欢潮湿的土地,比如沼泽、池塘。(　　)

(4) 泥土是蜗牛的食物,也是它们的排泄物。(　　)

3. 读完这篇文章,你对蜗牛有了哪些了解?

____

____

____

4. 你认为当一只蜗牛幸福吗?说说你的理由。

____

____

____

阅读阶梯夺星

4 评价鉴赏能力——感悟启示

3 提取信息能力——能从文本中提取多个信息并简单概括

2 提取信息能力——能从多个文段中提取信息

1 推断解释能力——推断并解释重要词句的语境意义及作用

哈哈！我一共得了____颗星！

爱音乐的马可

[美国] 罗勃·卡鲁斯

马可很有音乐天分，只要说得出来的乐器，马可都会演奏。

马可一边演奏着乐曲，一边听着，他一次又一次不停地练习。

“马可的音乐简直让我发疯！”马可的爸爸说，“我的耳朵都快聋啦。”

“熟能生巧嘛！”马可的妈妈说，“来吧！戴上耳套，声音就不会那么大啦。”

“可声音还是挡不住嘛，”马可的爸爸说，“唉，就为了这么个没天分的孩子！”

“那是你的想法，我可不这么认为。”马可的妈妈说。

可是不仅马可的爸爸这么想，所有的邻居也都在抱怨呢！

“我们受不了这种噪音了。”邻居们说。

“这不是噪音，”马可的妈妈说，“是音乐！”

“随便你怎么讲，”邻居们又说，“我们的耳膜都快被震破啦。”

马可继续练习，虽然他知道邻居们都在抱怨，他还是不断地练习。

“音乐真是迷人啊！”他叹口气说，“可惜他们不会欣赏。”

只有到了晚上，才有一丝平静和安定。可是马可的爸爸开始打呼了，鼾声响得跟打雷一样。

所有的邻居也都打呼了，听起来简直就像爆炸声！

有时马可被鼾声吵醒了，只好起床开始练习，可这一来又把大家都吵醒了。幸好这种情形不多，真是谢天谢地！

有一天，马可突然不再演奏，也不再练习了。他把所有的乐器都收了起来。

“我没心情练了。”他说。

马可走出门，跟大伙儿打棒球去了。

刚开始，大家都松了口气。

“好安静啊，真是太棒了！”邻居们都这么说。

马可的爸爸摘下了耳套。

只有马可的妈妈觉得难过，但是别人的想法跟她不一样。

“你什么时候再演奏啊？”马可的妈妈问。

“等我有心情的时候吧，”马可说，“可是我也说不准是什么时候。”

秋天到了，马可还是没心情。

马可的爸爸抱怨说，四周这么安静，简直让他快发疯了。马可什么时候才会有心情啊？

冬天到了，马可还是没心情。

所有的邻居都开始抱怨了，太安静了，他们都快疯掉啦，马可究竟什么时候才会有心情啊？

春天来了，马可听到一只小鸟在歌唱……

突然之间，心情就来了！

马可又开始演奏，又开始练习啦，这一回，没有人再抱怨了。

大家还都加入了演奏耶！

（选自《爱音乐的马可》，上谊编辑部译，少年儿童出版社）

阅读闯关

1. 妈妈说马可“熟能生巧”意思是(　　　　　　　　　　　　　　　　　　　　)，邻居们“抱怨”的是(　　　　　　　　　　　　　　　　　　　　)。

2. 故事的开头和结尾都说马可的爸爸快“发疯”了，可发疯的原因不同，开始是因为(　　　　　　　　　　　　　　)，后来是因为(　　　　　　　　　　　　　　)。

3. 马可不再演奏是因为(　　)。

A. 他不喜欢听鼾声，觉得自己的演奏也和鼾声一样不好听

B. 大家的责怪使他失去了信心，也失去了心情

C. 他爱上了打棒球

D. 他妈妈不再喜欢听他演奏音乐了

4. 后来马可又开始演奏是因为(　　)。

A. 爸爸和邻居要他演奏

B. 妈妈要他演奏

C. 大家和他一起演奏

D. 大自然美妙的鸟鸣声唤起了他对音乐的热爱，他又有演奏音乐的心情了

5. 同样的声音为什么在爸爸和邻居的耳朵里很嘈杂，而在妈妈的耳朵里却是很好听的？

____

____

____

____

____

阅读阶梯夺星

5 整体感知能力——整体感知文本的主旨

4 提取信息能力——能从多个文段中提取信息

3 提取信息能力——能从多个文段中提取信息

2 提取信息能力——能从多个文段中提取信息并进行简单比较

1 推断解释能力——推断并解释重要词句的语境意义及作用

哈哈！我一共得了____颗星！

屈　　原

屈原(？—公元前278年),名平,熊姓,楚武王子瑕的后裔。由于瑕的封邑在屈,以封地为姓氏,所以姓屈。屈原从小受到好的教育,青年时从事政治活动,善写文章又长于外交辞令,深得楚怀王赏识。青年时,曾任左徒,地位仅次于令尹,常常参与机要,起草政令。还当过三闾大夫,管理楚国王族屈、景、昭三姓子弟。屈原生活于战国后期,正是诸侯互相称雄兼并的时期。当时楚、秦、齐是大国。屈原热爱祖国、人民,一心想使楚国富强起来。主张任用贤能、厉行法制、限制贵族特权,外交上则主张联齐抗秦,按照当时的形势,如果以秦为首的连横政策取得胜利,天下就会统一于秦。如果以楚为首的合纵取得胜利,天下也可能统一于楚。屈原所主张的是努力实现以楚为首联合抗秦。然而,屈原的正确主张,却因楚国黑暗势力的反对而无法实现。

屈原为左徒时,经常与楚怀王议论国事,深受信任。因此,为上官大夫靳(jìn)尚所嫉恨。怀王让屈原起草宪令,写出草案,还未定稿,上官大夫靳尚看到后想夺为己有。屈原不给,上官大夫就在怀王面前进谗言说:大王让屈原起草宪令,众人莫不知晓,每出一令,屈原都夸耀自己的功劳,以为非他莫能为也。怀王因此大怒,疏远贬黜(chù)了屈原。张仪离间齐、楚关系,欺骗楚怀王,使楚丧师失地。他第二次来楚时,屈原从齐出使归来,力谏杀死张仪。秦昭王致函楚怀王，要求会盟通婚，在武关相会。屈原说：秦国是虎狼之国，不可相信，不如不去。结果，楚怀王听信郑袖、子兰的话前去相会，被秦扣押而死。屈原对楚怀王非常怀念，看到自己的国家日渐衰亡，悲痛欲绝。楚怀王死后，长子即位为楚顷襄王，其弟子兰为尹。子兰又让上官大夫靳尚在顷襄王面前诋毁屈原，顷襄王大怒，迁屈原于江南(湖北南部、湖南北部长江以南地区)。公元前278年，秦将白起率军攻陷楚都郢，楚国面临亡国之危，屈原无限悲愤，投汨罗江而死。据传后世五月初五端阳节吃粽子、划龙舟都是为了纪念屈原。

在黑暗势力摧残下，屈原的政治主张无法实现。但是，屈原对中国古代诗歌的发展却作出了卓越的贡献。屈原是楚辞的创始人、奠基人。他的诗思想性、艺术性高度统一，《离骚》等一系列诗篇抒发了他对祖国、人民的无限热爱和对黑暗势力的无比憎恶。屈原的诗是中国文化史上的瑰宝。

(选自《中国历史名人快读》，张书珩等编著，远方出版社)

阅读闯关

1. 你认为下面的说法对吗？(对的打“√”，错的打“×”)

(1) 屈原主张和当时最强大的国家秦联合起来取得天下。(　　)

(2) 屈原本来的姓氏是屈，是楚武王的后裔。(　　)

(3) 屈原一心为国，却一直遭到奸臣上官大夫靳尚的排挤陷害。(　　)

(4) 屈原对古代诗歌的发展作出了卓越贡献，是楚辞的创始人、奠基人。(　　)

2. 屈原的诗歌集是(　　)。

A.《论语》　　B.《诗经》

C.《离骚》　　D.《道德经》

3. 公元前(　　)年，秦军攻陷楚都，楚国面临亡国，屈原投(　　)自杀，以表爱国心迹，后世每年(　　　　　　　　)吃粽子、赛龙舟以纪念他。

4. 读了全文，你觉得屈原是个怎样的人？

____

____

____

阅读阶梯夺星

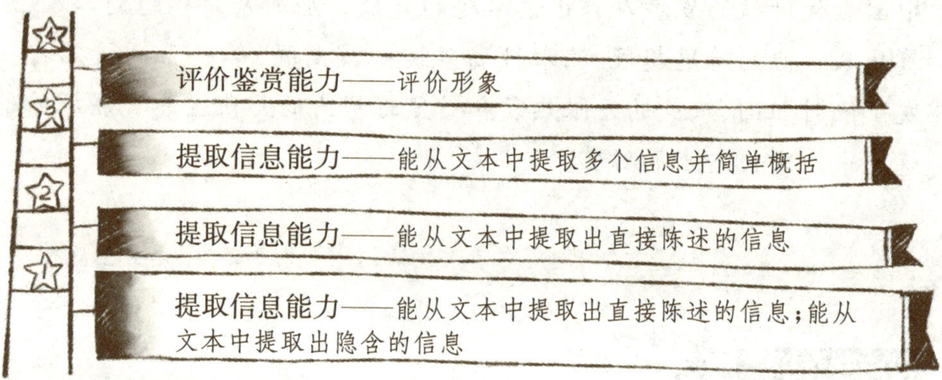

哈哈！我一共得了______颗星！

给风打分数

[苏联] 维·比安基/著　王汶/译

风小的时候，风是我们的朋友。

夏天，在炎热的中午，如果一点风也没有，我们就会热得透不过气来。平静无风，烟囱里的烟笔直地往天空升上去。如果空气以每秒钟不到半米的速度流动，我们就觉得一点风也没有，我们给它打个0分。

软风的风速，是0.3～1.5米每秒，或18～90米每分，或1～5公里每小时。这是步行人的前进速度，这种风已经能使烟囱里的烟柱往旁边歪了。我们觉得脸上凉习习的，很舒服。不觉得闷气了。我们给这种风打1分。

轻风的速度，是1.6～3.3米每秒，也就是96～180米每分，或6～11公里每小时。这大约是人跑的速度。树上的叶子沙沙作响。我们在风的记分簿里，给轻风打2分。

微风的速度，是3.4～5.4米每秒，也就是12～19公里每小时。这大约是马小跑的速度。微风使细树枝摇摆，它兴高采烈地推着纸折的小船儿跑。我们在记分簿里给它打个3分。

气象学里的和风是这样的：它扬起道路上的尘土，激起大海里的波浪，摇动树木的小枝。它的速度是5.5～7.9米每秒。给它打4分。

清劲风的速度，是 8.0～10.7 米每秒，或 29～38 公里每小时。这大约等于乌鸦飞行的速度。这种风使树梢喧嚣（xuān xiāo），使森林里的细树干摇曳，使大海上涌起波浪。它吹散蚊蚋。我们给这种风打 5 分。

强风已经开始调皮捣蛋了。它使劲摇晃森林里的树木；把晾在绳子上的衣服扔在地上；把帽子从人脑袋上扯下来；把排球往一边乱推，不让打排球的人好好打。它的速度和 39～49 公里每小时的火车、客车一样。幸亏气象学家们给风打分数，用的是 12 分制。像我们这种小学校里的 5 分制，就不够用了。气象学家给强风打整整的 6 分。

（选自《森林报·春》，二十一世纪出版社）

阅读小贴士

这是一篇儿童科普文章。儿童科普文章一般有这么三个特点：知识性、科学性、趣味性。科普文章是以介绍、宣传具体的科学知识为主的，科普文章为了吸引读者的兴趣，往往会采用通俗易懂、饶有情趣的语言，深入浅出地进行说明。我们从中不仅能获得科学知识，还能发现科学生活中的诗意。科普文章在介绍科学知识时可以运用列数字、作比较、拟人等手法，这样读起来会更有意思。

阅读闯关

1. “和风细雨”中的“和风”是指春天的风，文章中的“和风”指什么风呢？用“～～～”画出来。

2. 读文章，完成下面的表格。

分数	名称	风速(米每秒)	现　　　象
1			
2			
3			
4			
5			
6			

3. 读了文章，根据你掌握的知识，判断身边的下列现象是什么风级。

(1) 晚上睡在床上，听到屋外梧桐树上的叶子沙沙作响。(　　)

(2) 妈妈晾晒在阳台上的衣服被风吹到了楼下。(　　)

(3) 在操场上上体育课时被风扬起的灰尘迷了眼睛。(　　)

(4) 操场上的五星红旗停在旗杆顶端一动不动。(　　)

4. 唐朝诗人李峤有一首诗《风》这样写道："解落三秋叶，能开二月花。过江三尺浪，入竹万竿斜。"结合这篇文章，你对这首诗有什么认识？

____

____

____

____

____

阅读阶梯夺星

4 联结运用能力——与文本的联结与运用

3 联结运用能力——与生活的联结与运用

2 提取信息能力——能从文本中提取出直接陈述的信息

1 提取信息能力——能从文本中提取出直接陈述的信息

哈哈！我一共得了____颗星！

吃猫的老鼠

[意大利] 贾尼·罗大里/著　张密　张守靖/译

住在图书馆里的一只老老鼠去找住在阁楼上的外甥，它们对世界了解得很少。

“你们对世界了解得太少了，”他对那几个胆小的外甥说，“也许，你们根本就不识字。”

“您知道得真多啊！”小老鼠们感叹着。

“比方说，你们吃过猫没有？”

“啊？您知道的事还真不一样！可是，我们只知道猫吃老鼠。”

“因为你们太无知了。我吃过不止一只猫，我向你们保证，猫连一声‘啊’都没有叫出来。”

“它们是什么样子的？”

“纸上画的嘛。这算不了什么，你们吃过狗没有？”

“天哪！”

“我昨天才吃过一只。一只狗，长着几颗獠牙……可是让我给顺顺利利地吃了，也没叫一声‘啊’。”

“它是什么样的？”

“纸的，纸的。你们吃过犀牛吗？”

“哎呀！您知道得真多呀！我们从来没有见过犀牛。它像帕尔玛奶酪还是像米兰奶酪？”

“犀牛当然就像一头犀牛。你们从来没有见过大象、僧侣、公主或者圣诞树吧?”

这时,大箱子后面有一只猫正听着他们的谈话,发出吓人的“喵喵”的叫声。这是一只真正的猫,有骨头有肉,还长着胡须和利爪。小老鼠们飞奔回窝,只剩下图书馆的老老鼠吓得站在那里一动不动,像一尊雕像。猫抓住了它,开始拿它玩了起来。

“你就是那只吃猫的老鼠?”

“我……阁下,您明白……我一直待在图书馆……”

“我明白,我明白,你吃的是书上印的猫。”

“我吃过几次,只是为了学习学习。”

“当然,我也很欣赏文学。不过,你不认为你也该向真实生活学习一点东西吗?你也该知道不是所有的猫都是纸的,不是所有的犀牛都能让你们老鼠随便啃的!”

可怜的“犯人”还算幸运,那只猫一时疏忽,它的注意力被一只在地上爬的蜘蛛吸引了。图书馆里的老老鼠三蹦两蹿就逃回它的图书馆纸堆里去了,而那只猫只吃掉了一只蜘蛛。

(选自《电话里的童话》,新蕾出版社)

阅读闯关

1. 故事中可怜的“犯人”是指(　　)。

A. 图书馆里的一只老老鼠

B. 一只蜘蛛

C. 书上印的猫

D. 图书馆里的一只小老鼠

2. 图书馆的老老鼠说他吃过(　　)、(　　)、(　　)，不过那都(　　　　　　)。

3. “小老鼠们飞奔回窝，只剩下图书馆的老老鼠吓得站在那里一动不动，像一尊雕像。”这句话把(　　)比喻成(　　)，说明(　　　　　　　　)。

4. 图书馆的老老鼠错在哪里？用“~~~~”在文章中画出来。

5. 图书馆的老老鼠幸运地逃回了图书馆，他会对同伴们说些什么呢？

____

____

____

阅读阶梯夺星

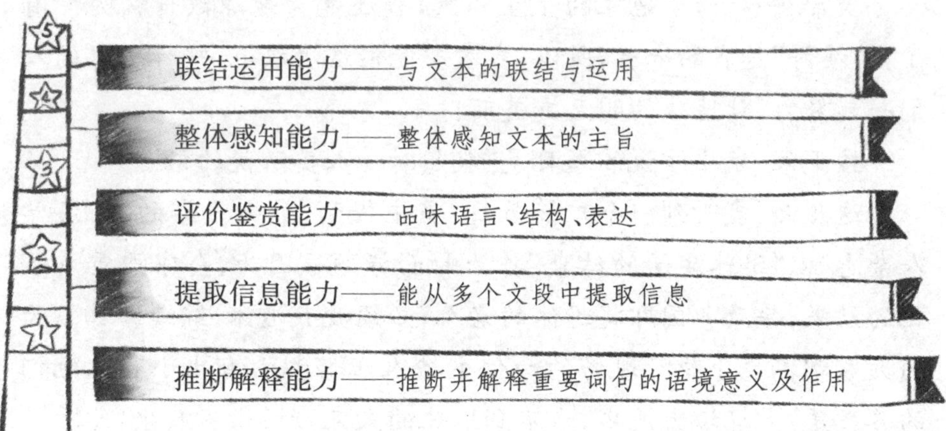

哈哈！ 我一共得了____颗星！

儿童爱地球 大声说出来

赵 晨

各位评委老师，各位来宾，大家好！

我是赵晨，一个个性坦率正直的五年级女孩。

每一次只要看到有人在破坏环境，我总会勇敢地告诉他：“你不可以这么做！”

这样的勇气只因为“我爱地球”。

我常在想，为了地球的生生不息，我还能为地球做什么呢？有了！“演讲”是我的专长，所以，我希望能借这次机会，呼吁全球的人们一起努力，让地球的明天更美丽！

接下来，我要演说的题目是“我想对全人类所说的话”。

这几天，我听到一个广播节目，当中提到，最新一期的《经济学人杂志》以“退休生活的结束”作为封面标题。因为，全球严重少子化的结果，导致各国即将退休的老人，必须放弃退休，继续工作。为何大家都不生小孩？现场的两位主持人正好都没有生小孩。他们的答案是：大环境太恶劣，看不到地球的未来，所以，不敢生！

我的父母正也和他们一样，因为同样的原因不敢为我多生一个玩伴。他们担心牛肉猪肉有问题，担心鱼类含有重金属，担心太阳太大会得皮肤癌，甚至他们还担心，人类终将和恐龙一样灭绝。但是，老师不是告诉过我们，“在烦恼之前，先问自己尽力了没有！”各位亲爱的大人啊！你们受过的教育比我更多，看过的世界比我更宽广，但是，你们为何没有勇气去面对“如何解决地球危机”这个问题呢？

17年前，12岁的瑟玟·铃木姊姊在地球高峰会上说的最后一句话，最令我感动。她说：“你们总是说爱我们，那么，请用行动来证明。”

是的！爱我们不是给我们最时髦的打扮，最昂贵的补习，而是为我们保留最自然的大地，最甜美的空气，最有希望的未来。

科学家说，海底有很多有毒的气体——甲烷，如果南北极的冰层全都融化掉，这些天然气就会释放出来，那么我们大家都会被毒死。

联合国2006年的报告则指出“畜牧业所造成的温室气体比全世界所有交通工具的总排放量还要更多”。

在美国，80%的农地，和全球一半以上的谷物，都耗费在饲养肉用动物上。但讽刺的是，每天却有24 000名孩童，活活饿死在种植谷物的田野旁。

所以，联合国IPCC组织及美国NASA首席气候科学家都告诉我们：“吃素是最快减缓全球暖化的方法”。可是，为什么我想照科学家说的“吃素拯救地球”来做，却常常得不到大人的掌声？

“吃素”可以减少80%雨林的消失，可以节省70%地球的用水，可以马上拯救全世界饥饿的人，更可以快速降低碳排放量，让地球大大退烧。如果有一天，地球没了，钱没有用、权利也没有用，每个人都会死。难道，这些都不足以让大家放下嘴边的那一块肉吗？

我只是个孩子，我知道我能做的有限，但是只要去做，就会有希望！真爱，就用行动来证明吧！“吃素”是善待地球最简单的好方法，就让我们一起成为“最有理想”的素食英雄！

（注：本文为台湾“儿童爱地球行动宣言”演讲夺魁之作，作者为台中市中教大实小学五年级学生）

阅读闯关

1. 请根据文章内容判断下面的说法是否正确。(对的打“√”,错的打“×”)

(1) 现在许多大人都不生孩子的原因是环境太差。(　　)

(2) “你们总是说爱我们,那么,请用行动来证明。”这句话中的“你们”指的是科学家。(　　)

(3) 全世界所有交通工具的排放量是造成温室气体产生的根本原因。(　　)

(4) 面对越来越恶劣的地球环境,光烦恼是没有用的,必须行动起来。(　　)

2. 赵晨在演讲中提出善待地球的方法是什么?她为什么这么说呢?

____

____

3. “在美国,80%的农地,和全球一半以上的谷物,都耗费在饲养肉用动物上。但讽刺的是,<u>每天却有 24 000 名孩童,活活饿死在种植谷物的田野旁</u>。”

(1) 读了画横线的句子,你仿佛看到了什么样的情景?请用2~3句话写下来。

____

____

(2) 在这段话中,赵晨用了一些表示数字的词语,请用“.”把它们标出来,并想一想她列举这些数字的目的是什么?

____

____

4. 赵晨在演讲的最后说“真爱，就用行动来证明吧！”那么，作为人类我们应该采取哪些行动呢？请你也对全人类说出你的建议吧！（至少 1 条）

____

____

阅读阶梯夺星

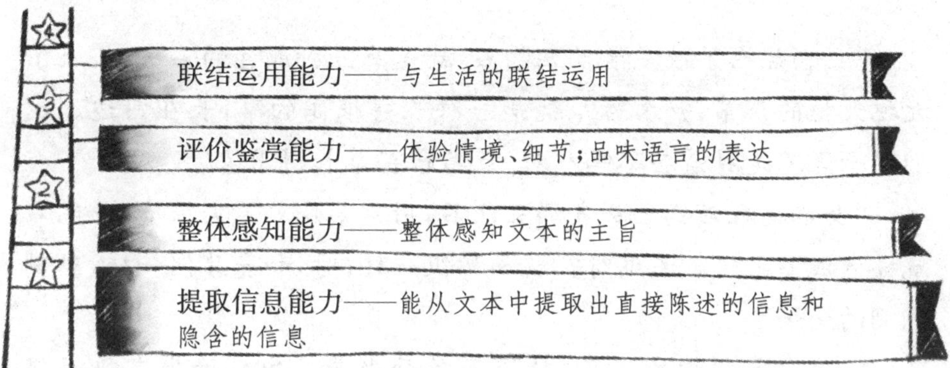

哈哈！ 我一共得了____颗星！

你的眼睛里有我

龙应台

“女娲就捡了很多很多五色石，就是有五种颜色的石头，又采了大把大把的芦苇，芦苇呀？就是一种长得很高的草，长在河边。我们院子里不是种着芒草吗？对，芦苇跟芒草长得很像。”

“女娲就在石锅里头煮那五色石，用芦苇烧火。火很烫，五色石就被煮成石浆了。石浆呀？就和稀饭一样，对，和麦片粥一样，黏黏糊糊的……”

一个白雾蒙蒙的下午，母子面对面坐着。华安跨坐在妈妈腿上，手指绕着妈妈的长发。

“你记不记得女娲为什么要补天呢？”

安安沉吟了一下，说：“下雨，共工。”

“对了，水神共工和火神打架，那火神的名字妈妈忘了——”

“祝融啦！妈妈笨。”

“好，祝融，打架的时候把天戳了一个大洞，所以大水就从天上冲下来，把稻田冲坏了——稻田呀？”

“草原那边有麦田对不对？稻田跟麦田很像，可是稻田里面灌了很多水——不是不是，不是共工灌的，是农夫灌的。那稻田哪，好香，风吹过的时候，像一阵绿色的波浪，推过来淡淡的清香……”

妈妈想起赤脚踩在田埂上那种湿润柔软的感觉，想起在月光下俯视稻浪起伏的心情。她曾经在一个不知名的小镇上、一个不知名的旅店中投宿。清晨，一股冷冽的清香流入窗隙，流入她的眼眉鼻息，她顺着香气醒过来，寻找清香来处，原来是窗外弥漫无边的稻田，半睡半醒地笼在白雾里……

“我讲到哪里了？哦，女娲看到人受苦，心里很疼，想救他们，所以去补天。可是安安，你记得人是谁做的吗？”

安安不回答，只是看着母亲的眼睛。

“女娲有一天飘到一个湖边，看见清水中映着自己的影子：长长黑亮的头发，润黄的皮肤，好看极了。她想，这美丽的地上没有像她一样的东西，太可惜了。”

“所以嘛，她就坐在湖边，抓了把黏土，照着湖里头自己那个样子，开始捏起来。”

“哎，安安，你怎么了？你是不是在听呀？不听我不讲了?!”

安安只是看着母亲的眼睛。

“女娲捏出了一个泥娃娃，然后，她对准了泥娃娃的鼻眼，这么轻轻地、长长地、温柔地，吹一口气，那泥娃娃，不得了，就动起来了。跳进女娲怀里，张开手臂紧紧抱着她的脖子，大叫‘妈妈！妈妈！’女娲看见那泥娃娃长得就和湖中自己的影子一模一样。”

“安安，你到底在看什么？”

小男孩圆睁着眼，一眨也不眨，伸手就来摸妈妈的眼珠，妈妈闪开了。

“你在干什么，宝宝？”

宝宝情急地喊出来，“妈妈，不要动……”一边用两只手指撑开母亲的眼帘。

“你在看什么？”

“我在看——”安安专注地、深深地，凝视着母亲的眼睛，声音里

透着惊异和喜悦，一个字一个字地宣布：

“妈妈，你的眼睛，眼珠，你的眼睛里有我，有安安，真的……”

说着说着激动起来，伸出手指就要去抚摸妈妈的眼珠——“真的，妈妈，两个眼睛里都有……”

妈妈笑了，她看见孩子眼瞳中映着自己的影像，清晰真切，像镜子，像湖里一泓清水。她对着孩子的眼瞳说：

“女娲欢欢喜喜地给泥娃娃取了个名字，一个很简单的名字，叫做‘人’。”

（选自《孩子你慢慢来》，文汇出版社）

阅读闯关

1. 文章中妈妈给安安讲的两个神话故事分别是：（　　　　　　）、（　　　　　　）。

你还知道哪些神话故事？写出其中的两个：（　　　　　）、（　　　　　）。

2. 妈妈在给安安讲故事过程中，想到了自己（　　　　　　　　）。

3. 文章标题中“你”指（　　　　），“我”指（　　　　），题目的意思是（　　）。

A．妈妈尊重孩子，把孩子放在眼里

B．妈妈眼睛像镜子一样有孩子的影子

C．妈妈的心里眼里全是自己的孩子，全身心地爱着孩子

D．孩子爱妈妈

4. 从故事里你读到了一个怎样的母亲？一个怎样的孩子？

____

____

阅读阶梯夺星

4 评价鉴赏能力——评价形象

3 整体感知能力——整体感知文本的主要内容

2 提取信息能力——能从文本中提取出隐含的信息

1 提取信息能力——能从文本中提取出隐含的信息

哈哈！我一共得了＿＿颗星！

正　　男

[日本]黑柳彻子/著　赵玉皎/译

从小豆豆家到车站的路上，有一个朝鲜人住的长房子，当然小豆豆并不知道那些人是朝鲜人。小豆豆只知道其中有一个阿姨，她的头发从正中间分开，梳成垂髻的样式，穿着白色胶皮靴子，靴子稍显肥大，头上尖尖的，像是一艘小船。阿姨的裙子长长的，胸口的部分很宽大，还有一个蝴蝶结似的东西。这位阿姨总是大声叫着孩子的名字：

"正男！"

的确，这位阿姨每天都叫着正男的名字，一般来说，叫"正男"的时候，"正"和"男"都要用重音来念，但是，这位阿姨只是把"正"字说得重，而且，她高声地拖着尾音的喊声，让人听起来感到很悲凉。

那一排长房子面向小豆豆乘坐的大井町线，房子的地基比较高，好像是在一个山崖上。

小豆豆知道正男，他比小豆豆大一点，可能是上二年级吧，不过不知道他在哪里上学。正男的头发总是乱蓬蓬的，经常领着一条狗走来走去。

有一天，小豆豆放学回家，经过这个小小的山崖。正男正好站在那个山崖上，两只手叉着腰，一副威风凛凛的样子。突然，他冲着小豆豆大声喊道：

“朝——鲜——人！”

那是充满了憎恨的刺耳的喊声，小豆豆非常害怕。从来没有说过话，也从没有对自己玩过恶作剧的男孩，为什么突然居高临下地对自己喊叫，而且充满了仇恨呢？小豆豆非常惊愕。

回到家之后，小豆豆告诉妈妈：

“正男管我叫‘朝鲜人’！”

听了小豆豆的话，妈妈用手捂住了嘴，转眼之间，妈妈的眼睛里已经充满了泪水。小豆豆大吃一惊，以为是自己做了什么坏事。妈妈的鼻头红红的，没有去擦眼泪，说道：

“真可怜……一定是别人都管正男叫‘朝鲜人！朝鲜人！’所以，他以为‘朝鲜人’是骂人的话，正男还不懂，他毕竟还是个孩子。平常，说骂人话的时候，都是说‘浑蛋’的是吧？正男就是想说这么一句骂人的话，平时别人叫他是‘朝鲜人’，他也想这么叫你。唉，有些人也太过分了！”

接着，妈妈擦掉了眼泪，缓缓地，对小豆豆说：

“豆豆是日本人，正男呢，是叫做朝鲜的国家的人。但是，你和正男一样都是小孩子。所以，绝对不可以区分说‘那个人是日本人’，或者‘那个人是朝鲜人’。要友好地对待正男，他只是因为自己是朝鲜人，就被人这样粗暴地叫来叫去，是很可怜的。”

小豆豆还很难理解这些事情，但是，她毕竟明白了，那个叫正男的孩子，无缘无故地被人嘲骂，所以他的妈妈才总是那么担心地找他吧？当第二天早晨，小豆豆又从山崖下面路过的时候，仍然听到正男的妈妈大声地叫：

“正男！”

小豆豆听了，不禁想着，“正男会去哪里了呢”，一边心中暗暗决

定，“虽然我不是‘朝鲜人’，但如果正男再对我那么叫的话，我就对他说：‘大家一样都是小孩子’，我们交个朋友吧！”

正男妈妈的声音，有一种异样的焦虑感，仿佛夹杂着某种不安，拖着长长的尾音。她的叫声有时候会被旁边通过的电车的声音淹没，但是这句“正男”的叫声，却是如此寂寞，如泣如诉，让人只要听过一次，就永远难以忘怀。

（选自《窗边的小豆豆》，南海出版公司）

阅读小贴士

生动贴切的外貌描写，可以使读者如见其人。外貌描写对于交代人物身份、推动故事情节、塑造人物形象和揭示作品主题有着重要的作用。描写人物的外貌要能抓住人物的特点来写，不仅要“形似”，更要做到“神似”，这样才能把人物写得栩栩如生。

阅读闯关

1. 联系全文理解词语。

“听了小豆豆的话，妈妈用手捂住了嘴，转眼之间，妈妈的眼睛里已经充满了泪水”，小豆豆的妈妈流泪的原因是（　　）。

A. 小豆豆做了坏事

B. 正男骂了小豆豆

C. 小豆豆的妈妈觉得正男被别人粗暴地叫来叫去，很可怜

D. 小豆豆太顽皮

2. 正男冲着豆豆大声喊叫“朝——鲜——人”的原因是什么？用“～～～”在文章中画出来。

3. 正男妈妈叫正男的声音里有焦虑，有悲凉是因为（　　）。

A. 正男不讲卫生，头发乱蓬蓬的很脏

B．“正男”两个字本来应该重读，可是妈妈只重读前一个字

C．因为他们是朝鲜人

D. 因为当地的日本人歧视朝鲜人，经常无缘无故嘲笑他们，正男妈妈觉得悲伤、无助、担心

4. 豆豆说“大家一样都是小孩子”，意思是（　　）。

A. 世界上人人都是平等的，不会因为国别、家世等因素而分贵贱

B．不管朝鲜孩子还是日本孩子，岁数年龄都一样小

C．日本孩子是孩子，朝鲜孩子也是孩子

D. 小孩子可以互相交朋友

5. 用“～～～”画出文章第一段中描写正男妈妈外貌的句子，并仿写你熟悉的一个人的外貌。

____

____

____

____

____

____

阅读阶梯夺星

5 联结运用能力——与文本的联结与运用

4 整体感知能力——整体感知文本的主旨

3 提取信息能力——能从文本中提取出隐含的信息

2 提取信息能力——能从文本中提取出直接陈述的信息

1 提取信息能力——能从多个文段中提取信息并进行简单比较

哈哈！我一共得了______颗星！

路面上的新科技

长期以来，我国城市路面非“黑”即“白”（黑色沥青和白色水泥两种颜色），而在欧洲，如英国、德国、荷兰等国，彩色路面已较为普及。通过道路颜色的不同，如红、绿、蓝、黄等，提示不同车辆的驾驶者在规定的路面上行驶，从而避免了车辆的混行，大大增强了安全性。

现在，国内一些城市也开始采用彩色路面。以北京为例，当汽车行驶到二环路雍和宫到东直门转弯处时会发现此处路面与别处不同，一是呈暗红色，原来此处为事故多发地，所以改变路面颜色以引起司机注意；二是路面加铺了一层颗粒状防滑材料。在上海的局部地区还出现了碧绿色、橘黄色的路面，各种车辆“各行其道”。这种彩色路面不仅美化了市容，还能起到防滑、提示司机减速以减少交通事故发生，方便交通管理等作用。

与此同时，一种新颖的多孔隙沥青透水路面也应运而生。这种能够吸纳回收雨水的路面技术的采用，对于缺水的城市来说，无疑是一个福音。这种技术将沥青路面做成三层：最上层安置了透水材料，中间层安置了雨水分流设施，将来自最上层的雨水分流到排水管以回收利用，最底层为密封层，防止雨水渗透到地下。

透水路面采用的是在普通沥青中加入了强化纤维的混合料，使

路面孔隙率由普通沥青路面的4%左右提高到15%~25%,有的甚至高达30%,大大提高了路面吸收雨水的能力。这种材料的特点还决定了其使用寿命要高于传统路面,因为它能避免冬季道路冻结对路面材料结构造成的破坏。另外,下雨时,这种路面不积水,不溅水,汽车行驶时不易打滑,有利于交通安全。

目前在欧洲,透水路面的普及率已达15%~18%。德国计划到2010年,把全国城市90%的路面改造为透水路面。在我国普遍缺水的城市也应大力推广这项技术。

(选自《百科知识》,2005年第3期)

阅读闯关

1. 根据文章提供的信息,下列说法正确的一项是(　　)。

A. 目前在我国,北京、上海等一些大城市已基本铺设了彩色路面

B. 普通沥青路面的孔隙率不足4%,而透水路面的孔隙率大多为15%~30%

C. 采用彩色路面和透水路面有一个共同点,那就是提高了交通的安全性能

D. 由于透水路面优越性多,德国已把全国95%的路面改造为透水路面

2. 第二段中“此处路面与别处不同”中的“不同”指哪两个方面不同?(　　)

A. 在普通沥青中加入了强化纤维的混合料、改变了颜色

B. 路面呈暗红色,路面加铺了一层颗粒状防滑材料

C. 路面呈碧绿色,路面加铺了一层颗粒状防滑材料

D. 能够回收雨水,提高了交通的安全性能

3. 读读文章的二、三自然段，根据图示完成题目。

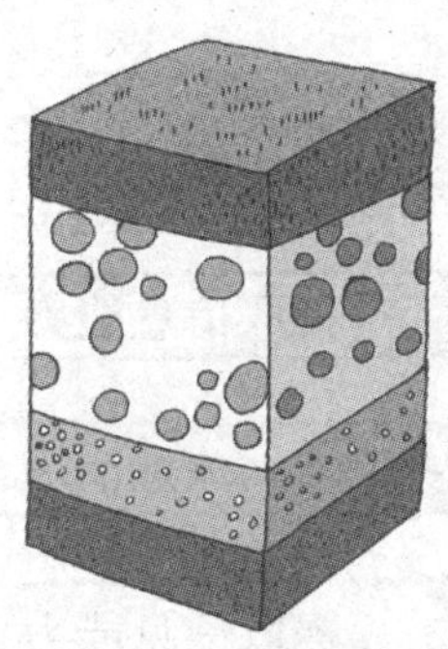

(1) 彩色路面的好处：①________________

②________________

③________________

(2) 多孔隙沥青透水路面分为三层：

最上层安置了：________________

中间层安置了：________________

最底层为：________________

4. 最后两个自然段主要说明了什么内容？请简要概括。

____

____

____

阅读阶梯夺星

4 整体感知能力——整体感知文本的主要内容

3 提取信息能力——能从文本中提取出隐含的信息

2 推断解释能力——推断并解释重要词句的语境意义及作用

1 提取信息能力——能从文本中提取多个信息并简单概括

哈哈！我一共得了____颗星！

童 话

小王子访问点灯人

[法国]安东尼·德·圣艾克修佩利/著　程玮/译

第五颗行星非常奇特。它是这些星星中最小的一颗。行星上刚好能容得下一盏路灯和一个点路灯的人。小王子怎么也解释不通:在天空中一颗既没有房屋又没有居民的行星上,要一盏路灯和一个点灯的人有什么用。

但他自己猜想:很可能这个人脑子不正常。但他比起国王,比起那个爱虚荣的人,那个商人和酒鬼,却要好得多。至少他的工作还有点意义。当他点着他的路灯时,就像他给世界增加了一颗星星,或是一朵花儿。当他熄灭路灯时,就像让星星或花儿睡着了似的。这是一件很美妙的工作。因为美,它就很有意义。

小王子一到这个行星上,就很尊敬地向点路灯的人打招呼:

"早上好。你刚才为什么把路灯灭了呢?"

"这是命令,"点灯的回答,"早上好。"

"'命令'是什么?"

"就是熄掉我的路灯。晚上好。"

他又点燃了路灯。

"那你为什么又把它点着了呢?"

"这是命令。"点灯的人回答道。

"我不懂。"小王子说。

“没什么要懂的，”点灯的回答说，“命令就是命令。早上好。”

他又把路灯熄灭了。

然后他拿一块红方格子的手绢擦着额头上的汗。

“我干的是一种可怕的职业。以前还说得过去，早上熄灯，晚上点灯，剩下时间，白天我就休息，夜晚我就睡觉……”

“那么，后来命令改变了，是吗？”

点灯的人说，“命令没有改，惨就惨在这里！这颗行星一年比一年转得更快，而命令却没有改。”

“结果呢？”小王子问。

“结果现在每分钟转一圈，我连一秒钟的休息时间都没有了。每分钟我就要点一次灯，熄一次灯！”

“真好玩，你这里一天只有一分钟长？”

“一点也不好玩，”点灯的说，“我们在一块儿说话已经一个月的时间了。”

“一个月？”

“对。三十分钟。三十天！晚上好。”

他又点着了他的路灯。

小王子看着他，有点喜欢上这个点灯人，他这么忠实地执行命令。这时，小王子想起自己从前挪动椅子就可以赶上日落。他很想帮助这位朋友：

“告诉你，我有一个办法能使你休息，你要什么时候休息都可以。”

“我总是想休息。”点灯人说。

一个人当然可以在忠实执行命令的同时偷点儿懒。

小王子接着说：

“你的这颗行星这样小，你三步就可以绕它一圈。你只要慢慢地走，太阳就一直在你的头顶上。你想休息的时候，你就一直这样走……那么，你想要白天多长它就有多长。”

“这办法帮不了我多大忙，生活中我喜欢的是睡觉。”点灯人说。

“那就没指望了。”小王子说。

“没指望，”点灯人说，“早上好。”

他又熄灭了路灯。

小王子继续他的旅途，边走边对自己说：

“这个人一定会被其他那些人，国王、爱虚荣的人、酒鬼、商人们看不起。可是我一点也不觉得他可笑。因为他关心的是别的事情，而不是只想着自己。”

他惋惜地叹口气，又对自己说：

“这是我唯一可以和他交朋友的人。可是他的星球确实太小了，住不下两个人……”

（选自《小王子》，长春出版社）

阅读闯关

1. 你认为下面的说法对吗？（对的打“√”，错的打“×”）

(1) 小王子来到的这颗最小的星球上一分钟就是一天。（　　）

(2) 小王子和点灯人交上了朋友，于是留在了这颗星球上。（　　）

(3) 点灯人只要慢慢地跟着太阳走就永远也不需要点路灯了。（　　）

(4) 点灯人虽然每一分钟都很累，但他也很充实。（　　）

2. 这是小王子来到的第五颗行星，之前他还去了（　　　　）的星球、（　　　　　）的星球、（　　　　）的星球、（　　　　）的星球。

3. “我干的是一种可怕的职业”，可怕在（　　）。

A. 残忍地破坏别人的生活

B．每一分钟都要点一次路灯、灭一次路灯，没时间休息，很累

C．总是在熄灭路灯

D．一刻不停地追着太阳跑

4. 小王子愿意和点路灯的人成为朋友，是因为(　　)。

A．一会儿点亮路灯，一会儿又熄灭很好玩

B．点路灯的人不是一个只考虑自己的自私者

C．路灯像星星一样漂亮

D．点路灯的人愿意和他说话

5. 你认为点路灯的人每一分钟所做的事有意义吗？为什么？

____

____

____

阅读阶梯夺星

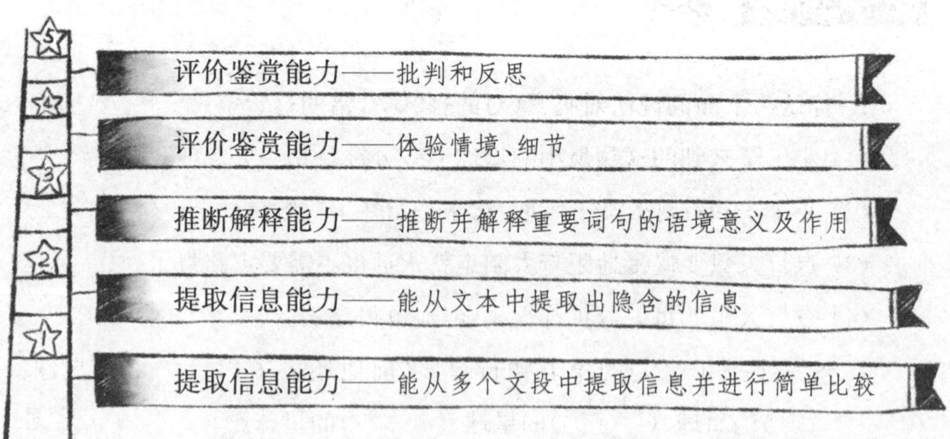

哈哈！ 我一共得了______颗星！

快克新包装说明书

【商品名】快克

【药品名称】

通用名称：复方氨酚烷胺胶囊

英文名称：Compound Paracetamol and Amantadine Hydrochloride Capsules

汉语拼音：Fufang Anfenwan'an Jiaonang

【成分】本品为复方制剂，每粒含对乙酰氨基酚250毫克、盐酸金刚烷胺100毫克、马来酸氯苯那敏2毫克、人工牛黄10毫克、咖啡因15毫克，辅料为糊精。

【性状】本品为胶囊剂，内容物为淡黄色的小丸。

【作用类别】本品为感冒用药类非处方药药品。

【适应症】适用于缓解普通感冒或流行性感冒引起的发热、头痛、四肢酸痛、打喷嚏、流鼻涕、鼻塞、咽痛等症状，也可用于流行性感冒的预防和治疗。

【规格】对乙酰氨基酚250毫克、盐酸金刚烷胺100毫克

【用法用量】口服。成人一次1粒，一日2次。

【注意事项】

1. 用药3～7天，症状未缓解，请咨询医师或药师。

2. 服用本品期间不得饮酒或饮用含有酒精的饮料。

3. 不能同时服用与本品成分相似的其他抗感冒药。

4. 前列腺肥大、青光眼等患者以及老年人应在医师指导下使用。

5. 肝功能不全、肾功能不全、脑血管病史、精神病史或癫痫病史患者慎用。

6. 孕妇及哺乳期妇女慎用。

7. 服药期间不得驾驶机、车、船，从事高空作业、机械作业及操作精密仪器。

8. 如服用过量或发生严重不良反应，应立即就医。

9. 对本品过敏者禁用，过敏体质者慎用。

10. 本品性状发生改变时禁止使用。

11. 请将本品放在儿童不能接触的地方。

12. 如正在使用其他药品，使用本品前请咨询医师或药师。

【药物相互作用】

1. 与其他解热镇痛药同用，可增加肾毒性的危险。

2. 本品不宜与氯霉素、巴比妥类（如苯巴比妥）等并用。

3. 如与其他药物同时使用可能会发生药物相互作用，详情请咨询医师或药师。

【药理作用】对乙酰氨基酚能抑制前列腺素合成，有解热镇痛的作用；金刚烷胺可抗“亚一甲型”流感病毒，抑制病毒繁殖；咖啡因为中枢兴奋药，能增强对乙酰氨基酚的解热镇痛效果，并能减轻其他药物所致的嗜睡、头晕等中枢抑制作用；马来酸氯苯那敏为抗过敏药，能减轻流涕、鼻塞、打喷嚏等症状；人工牛黄具有解热、镇惊作用。上述诸药配伍制成复方，可增强解热、镇痛效果，解除或改善感冒所致之各种症状。

【贮藏】密封，置阴凉（不超过20℃）干燥处。

【包装】铝塑泡罩包装，每板10粒，每盒1板。

【有效期】36个月

【执行标准】中华人民共和国卫生部药品标准（二部）第五册

【批准文号】国药准字H33020485

阅读闯关

1. 你认为下面的说法对吗？（对的打“√”，错的打“×”）

（1）“快克”感冒药是一种淡黄色的药片。（　　）

（2）天气突然变冷，王明叔叔打喷嚏、头痛、发热，于是吃了两粒“快克”。（　　）

（3）李红因为体育课衣服汗湿着了凉，她准备吃“快克”治感冒。（　　）

（4）丁浩看到爸爸准备吃的“快克”生产日期已经超过三年了，于是告诉爸爸药品过期了，不能再吃。（　　）

（5）“快克”和“999感冒灵”一起吃，治疗感冒的效果更好。（　　）

2. “快克”里面的什么成分治疗什么样的感冒症状呢？请用线连起来。

对乙酰氨基酚	减轻流涕、鼻塞、打喷嚏
金刚烷胺	解热、镇惊
人工牛黄	解热镇痛
马来酸氯苯那敏	抑制病毒繁殖

3. 下面的哪些人感冒了不适合吃“快克”？（　　　　）（多选题）

A. 正在上班的公共汽车驾驶员

B. 刚上二年级的小学生

C. 正在哺乳期的妈妈

D. 举重运动员

4. 如果你爸爸感冒了准备服用“快克”，你准备提醒他注意什么呢？

______

______

______

______

______

阅读阶梯夺星

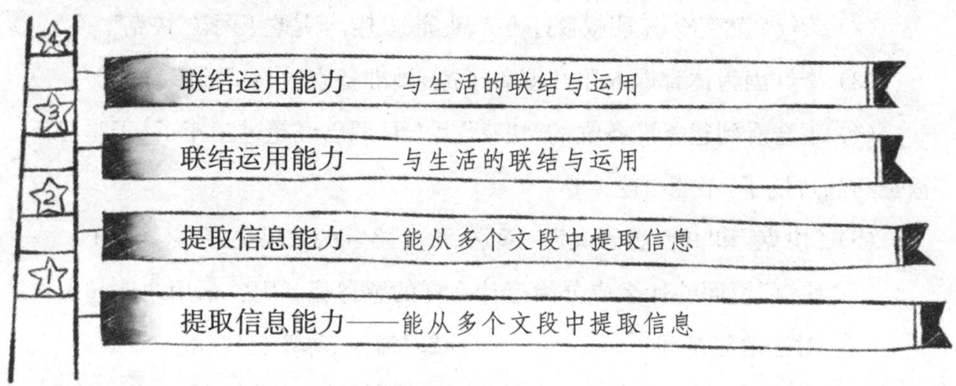

哈哈！ 我一共得了____颗星！

附 录

阅读闯关参考答案

【上 卷】

写给汉修先生的一封信

1. B 2. (1) √ (2) × (3) × (4) × 3. 鲍雷伊是个很普通的男生，他没有什么特殊才艺，长得也不够高大，不过他很可爱。 4. 略

用不同的眼睛看

1. B 2. 画出“隼鹰的脑袋是平的，蓝色的尖嘴像钩子，黑黑的两颊，黑黑的两只大眼睛”一句。 3. 自信(√) 4. 隼鹰的眼睛能看见森林与田地，江河与湖沼，人类的村庄等。小黄雀的眼睛能看见树上的小叶子和芽。他们的眼睛各有各的长处，隼鹰的眼睛很锐利，而小黄雀的眼睛能发现有趣的事物。 5. 只要说出自己的眼睛能发现什么或者看到什么美的事物，理由充分即可。

夏季，冬天住在哪里

1. B 2. 夏季商品购物车：冰糕 电风扇 冰淇淋 汗衫 凉鞋 太阳帽 游泳圈 冬季商品购物车：手套 皮帽 绒衫 雪橇 滑雪板 滑冰鞋 卫生衣 3. 钻进 躲进 住进 走进冰箱或跳进池塘等。(只要搭配得当即可。) 4. 略

生物的“睡眠”

1. 从热到冷：炎热 热烘烘 温暖 凉爽 寒气逼人 2. 既 也 3. (1) √ (2) × (3) √ (4) √ 4. 蜗牛动不动就关起门来睡大觉。冬天，它要“冬眠”；夏天不下雨，它要“夏眠”；要是碰上了干旱的年头，20 个月不下雨，蜗牛

就睡它20个月。 5. 刺猬在冬天时不能稳定地调节自己的体温，所以在天气寒冷时会因保持体温而出现冬眠现象。刺猬在巢穴中冬眠，有的刺猬一次冬眠能睡上200多天。（所举例子有理有据即可。）

客店没有空房间

1. C 2. 画出“他张着嘴，忧愁地皱着眉头，眼里显然充满了泪水”一句。
3. ① 我认为这次表演很成功，因为华利向我们展示了他那颗善良的心；② 我认为作为一场表演，华利应该忠实于剧本的情节，他这样随意更改结局是不应该的。（两种意见皆可，只要阐明理由即可。） 4. 透过这次表演，我们看到了一个善良、富有同情心的华利。如果他是我的同学，我不会把他排斥在外，我会尽力去帮助他。

一个逗号的过错

1. C 2. (1) √ (2) × (3) × (4) × 3. A 4. 今年好，倒霉少，不得打官司。 六(4)班击败了，六(3)班获得冠军。 5. 要找五个演员，分别饰演法官、被告、检察官、叔叔、辩护律师。 我最想演叔叔，因为他是一个好心肠的人。（只要言之有理即可。）

动物也会出汗吗

1. A 2. (1) × (2) × (3) √ (4) × 3. BC 4. 扇耳朵 喘大气 把一只前腿伸出水面摇摆 用舌头舔前爪 竖起全身羽毛，让空气从羽毛间通过 鸬鹚 晃荡喉囊（也可以写自己知道的其他动物解暑的方法。）

爱说大话的老爷

1. 几十磅 三四磅 什么油也没有 2. (1) × (2) √ (3) × (4) √
3. “它”指的是车夫所说的那座桥。从这句话中，可以看出车夫是个幽默聪明的人。 4. 心情的变化：担心自己的安全，有些坐不住了，诧异。 当听到车夫说“它呀，老爷，化啰，像你的兔油一样，化掉啰”，老爷一定是很惭愧、难为情。

好事情

1. 去救她　狼来抓奶奶　哈巴狗掉在井里头　把它捞起来　2. ABC
3. 妈妈说:"跟妹妹去玩玩,帮奶奶把饭碗收拾收拾,给哈巴狗喝些水。"妈妈说的应该都是好事情,虽然这些事情都是些小事情,可是是别人正需要的。而尤拉想的那些大事情,只是想象,并没有发生。　4. 劝说尤拉从身边的小事做起,帮助他人。

女娲补天

1. C　2. (1)√ (2) × (3) √ (4) ×　3. 日月星辰的运行　春夏秋冬四季的不同和昼夜的交替　江河水流的归顺　茂盛的草木　丰硕的五谷
接着写:鲜花的美丽,果实的甜美等。(写出天地间的欣欣向荣景象即可。)
4. 女娲留给我们的印象是:智慧、果敢。　女娲造人、伏羲女娲的故事等。

学写字

1. C　2. (1) √ (2) × (3) √ (4) ×　3. 出现的人物有"我"、张志明、白忠雄、叶佩蓉、陈玟、"我"妈妈及老师。　印象最深的人物,可以自主回答,只要说出这个人的特点即可。　4. 建议写得有趣味。

折我的那一层

1. C　2. (1) B (2)D　3. C　4. 阿凡提利用了巴依贪婪的心理和话语里的漏洞,知道巴依不会花一百个元宝住一个塌了的楼房,从而又把楼房的一层卖给了他。　5.《倒骑毛驴》《肉汤的肉汤的肉汤》等等。

化装

1. 灰蛤蟆嫌自己的灰色不好看,他的好朋友绿青蛙用绿颜料给他全身涂上绿色,替他化装　反而遭到大家的嘲笑　2. 搔他痒痒　说笑话　跳滑稽的舞蹈　给灰蛤蟆全身涂上了绿颜料　3. A　4. 都很漂亮。每个人都有自己的特点,做最好的自己就是最漂亮的。　5. 每个人的外表都是独特的,也都是最美的,正因为这样世界才丰富多彩,才不至于单调,我们不能只羡慕别人,而不相信自己。

芽儿在哪儿过冬

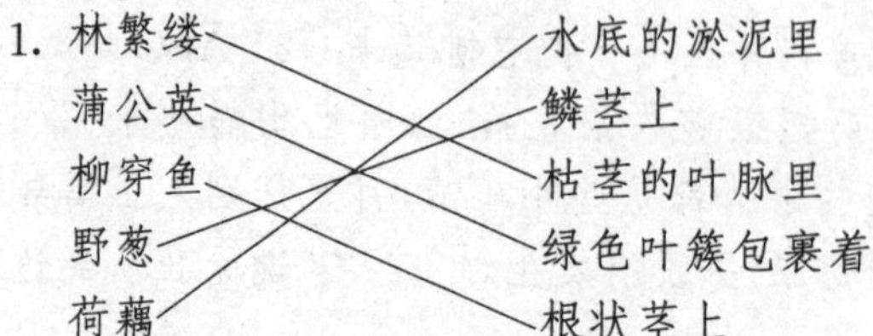

2. 地面上的草　地底下的草　水里的水生植物　3. 地面上空：白杨树　地面：触须菊　鹅掌草　小池塘：菱角　4. 松树、柏树在树皮和叶表面分泌出一层蜡质，既可御寒又可防止自身水分蒸发。

小纸人

1. 做四个圆柱形当四肢　再做一个小圆柱体当脖子　2. (1) × (2) √ (3) × (4) ×　3. ABCD　4. 给小纸人设计一套漂亮的服装，给它做一顶帽子，或者也可以给它穿上好看的鞋子。　5. 略

你要去哪里

1. 亲近母语　大润发超市　2. B　3. 新华中学　动物园　4. 10站

【下　卷】

布拉德利的账单

1. (1) √ (2) × (3) × (4) √　2. 让儿子明白妈妈是爱他才为他做一切的　3. BCD　4. 账单略。例：妈妈，您平时为我做了一切，从不要任何回报，请您相信，我长大了一定会报答您的养育之恩的。

巴喳——巴喳

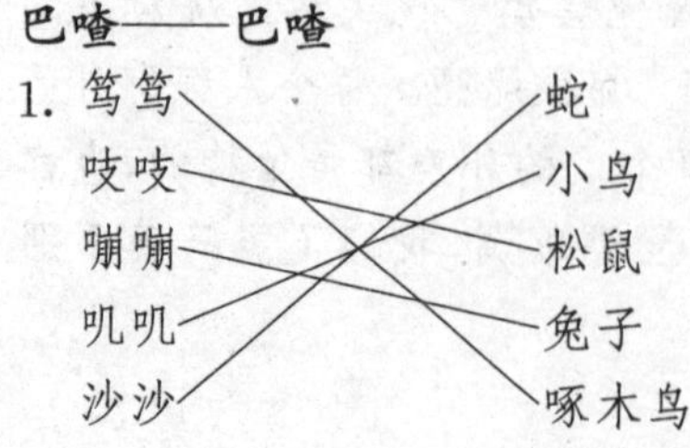

2. (1) × (2) × (3) × (4) √ 3. 呱呱 咩咩 咕咕 4. 小动物会想:这巴喳巴喳想干什么呢? 它要到哪里去? 它会不会伤害我们呢? (写出这种情境下小动物们的心理即可。)

小黑羊

1. 恳求 和颜悦色 2. (1) 因为大家说黑色丑,所以小黑羊不顾一切,想把自己身上的黑色洗干净。(2) 小黑羊很胆怯,但为了使自己变得漂亮,很想见到上帝,让上帝帮助他。 3. C 4. 提示:每一个人或者事物都有他的长处和短处,我们应该多看到别人的长处,以宽容的心态待人。

海啸有多么恐怖

1. (1) √ (2) √ (3) × (4) √ 2. 海啸波涛高、力量大 海啸的破坏性强 3. 暴风 地震 4. 海啸会导致陆地淹没、发生沉船和撞船事件,导致人员伤亡、房屋倒塌,堤防和道路破坏等等灾害。

小蜜蜂的隐身法

1. D 2. 画出"蛇敏捷地用尾巴像绳子一样把陀螺缠住,然后很快地抽回,于是,陀螺飞速地旋转起来,疯了似的发出嗡嗡的声音"一句 蛇尾巴 绳子 3. 赶忙打住蛇的话头 不紧不慢 蛇惊得嘴巴都合不上了,问 小蜜蜂十分自信地回答(只要恰当即可。) 4. 她跟蛇打赌说自己有隐身法,是蛇做不到的,然后她躲在了含羞草的叶子里,蛇没找到她,所以只好认输没吃她。

蜗牛

1. D 2. (1) × (2) √ (3) × (4) √ 3. 蜗牛喜欢潮湿的土地;蜗牛休息时立即将身体缩进壳内;蜗牛爱吃蔬菜和水分充足的绿叶植物;蜗牛喜欢浪游的生活;蜗牛用自己的流涎在它接触过的东西上面印下印记。(说出其中的三点即可。) 4. 幸福,因为可以同大自然亲密地黏附在一起,亲切地享受大自然的恩宠,有把握在命运放逐它的土地上重新站立起来。(说出自己的理由即可。)

爱音乐的马可

1. 妈妈认为马可练习得多了演奏乐器就会熟练　马可演奏乐器的声音太嘈杂　2. 马可演奏乐器很嘈杂　周围太安静了　3. B　4. D　5. 因为妈妈充满着对马可的爱和期待,她无条件地爱儿子的一切,哪怕是缺点,而且相信儿子会越来越好,而爸爸和邻居只是作为听众对音乐的评价,内心没有爱。

屈原

1. (1) × (2) × (3) ✓ (4) ✓　2. C　3. 278　汨罗江　五月初五端阳节(端午节)　4. 屈原是一个忠于国家,热爱祖国、热爱人民的人;一个正直的人;一个敢于同黑暗势力作斗争的人;一个著名的诗人。

给风打分数

1. 画出文章第六自然段。

2.

分数	名称	风速(米每秒)	现　象
1	软风	0.3～1.5	烟囱的烟柱歪斜
2	轻风	1.6～3.3	树叶沙沙作响
3	微风	3.4～5.4	细树枝摇摆
4	和风	5.5～7.9	大海起波,树木小枝摇动,扬起灰尘
5	清劲风	8.0～10.7	树梢喧嚣,细树干摇曳
6	强风	10.8～13.6	使劲摇晃树木,吹落晾晒的衣服

3. 轻风　强风　和风　平静无风　4. 风不仅有大小级别,还有神奇的魔力,带来大自然季节的变化。

吃猫的老鼠

1. A　2. 猫　狗　犀牛　不是真的,是书上印的　3. 老老鼠　雕像

图书馆的老老鼠被吓得呆住了,一动也不动　4. 画出"你不认为你也该向真实生活学习一点东西吗?你也该知道不是所有的猫都是纸的,不是所有的犀牛都能让你们老鼠随便啃的!"一句。　5. 例:我们千万不能以为书本上

的知识就是全部，要注意真实的生活。

儿童爱地球　大声说出来

1. √　×　×　√　2. 吃素；吃素可以减少 80%雨林的消失，可以节省地球 70%的水，可以马上拯救全世界饥饿的人，更可以快速降低碳排放量，让地球大大退烧。　3. (1)想象合理即可；(2)一方面是为了讽刺大人们总是说爱我们，一方面也是让听众们能从这些数字中清醒地认识到“真爱，就用行动来证明”。　4. 只要建议合理即可。

你的眼睛里有我

1. 女娲补天　女娲造人　祝融共工、盘古开天地、后羿射日等等。　2. 小时候赤脚在秧田里玩　3. 妈妈　孩子　C　4. 母亲热爱生活，全心全意地爱自己的孩子，还充满智慧；孩子天真可爱。

正男

1. C　2. 画出“一定是别人都管正男叫‘朝鲜人！朝鲜人！’所以，他以为‘朝鲜人’是骂人的话”一句。　3. D　4. A　5. 画线部分为“她的头发从正中间分开……还有一个蝴蝶结似的东西。”　可以从长相、穿着等方面抓住人物的特点描写。

路面上的新科技

1. C　2. B　3. (1) ① 美化市容；② 减少交通事故发生(或“防滑并提示司机减速”)；③ 方便交通管理。(2) 透水材料　雨水分流设施　密封层
4. 说明透水路面的特点及发展趋向。

小王子访问点灯人

1. (1) √ (2) × (3) √ (4) √　2. 国王　爱虚荣者　酒鬼　商人
3. B　4. B　5. 要点：每个人所做的事情只要对别人有益，那就是有意义的。

快克新包装说明书

1. (1) × (2) × (3) × (4) √ (5) ×

2\. 对乙酰氨基酚——解热镇痛

金刚烷胺——抑制病毒繁殖

人工牛黄——解热、镇惊

马来酸氯苯那敏——减轻流涕、鼻塞、打喷嚏

3\. ABC　4. 不得饮酒或饮用含有酒精的饮料；不能同时服用与本品成分相似的其他抗感冒药；服药期间不得驾驶汽车、从事高空作业、机械作业及操作精密仪器；如服用过量或发生严重不良反应，应立即就医等。